BIBLIOTHÈQUE ITALIENNE

Publiée sous le patronage de
l'Istituto Italiano per gli Studi Filosofici

Collection dirigée

par

YVES HERSANT

*Directeur d'études
à l'École des Hautes Études
en Sciences Sociales (Paris)*

NUCCIO ORDINE

*Professeur de Théorie
de la littérature à l'Université
de Calabre (Cosenza)*

SPERONE SPERONI

DIALOGUE DES LANGUES

Collection publiée sous le haut patronage
du Président de la CAMERA DEI DEPUTATI
et du Président de L'ASSEMBLÉE NATIONALE

---

avec le concours de la
FONDAZIONE CASSA DI RISPARMIO DI CALABRIA
E DI LUCANIA (Cosenza)
et la collaboration de l'Antenne calabraise de
l'ISTITUTO ITALIANO PER GLI STUDI FILOSOFICI
(Cosenza)

BIBLIOTHÈQUE ITALIENNE
sous le patronage de
l'ISTITUTO ITALIANO PER GLI STUDI FILOSOFICI

SPERONE SPERONI

DIALOGUE DES LANGUES

ÉDITION BILINGUE

Traduction de
Gérard GENOT et Paul LARIVAILLE

Introduction et notes de
Mario POZZI

Texte établi par
Mario POZZI

LES BELLES LETTRES

2001

© 2001. *Société d'édition Les Belles Lettres,*
95 bd Raspail 75006 Paris

ISBN : 2-251-73008-7

INTRODUCTION

de

Mario POZZI

I – LA VIE DE SPERONE SPERONI (1500 – 1588)[1]

Le *Dialogue des langues* de Sperone Speroni apporta en 1542 une solution « philosophique » à des problèmes qui se posaient avec acuité dans tous les pays néo-latins ; et il le fit avec sobriété et vivacité, sans divagations et sans dogmatisme, dans un style purement dialogique. Il obtint auprès des lettrés italiens un succès éclatant, dû entre autres au fait qu'il offrait plusieurs clés de lecture.[2] En France

---

1. J'utiliserai les sigles suivants : S = *Opere di M.* SPERONE SPERONI DEGLI ALVAROTTI, *tratte da' mss. originali*, in Venezia, appresso Domenico Occhi, 1740, réimpression anastatique avec introduction de Mario Pozzi, Manziana (Roma), Vecchiarelli, 1989 ; T = *Trattatisti del Cinquecento*, I, a cura di M. Pozzi, Milano-Napoli, Ricciardi, 1978.

2. D'où une oscillation dans les interprétations des lecteurs, qui attribuent à l'auteur la thèse tantôt d'un interlocuteur, tantôt d'un autre ; du reste, les contemporains, déjà, ne réussissaient pas à comprendre la signification exacte du dialogue. Varchi, par exemple, qui avait pourtant connu de près Speroni et ses idées, dans l'*Ercolano* (in *Discussioni linguistiche del Cinquecento*, a cura di M. Pozzi, Torino, UTET, 1988, p. 581) répond ainsi à son interlocuteur, qui déclare n'avoir « jamais pu bien comprendre si son intention est de louer ou de blâmer la langue toscane » : « Il me semble que M. Sperone a voulu louer

il retint tout de suite l'attention des tenants de la poésie nouvelle et des défenseurs de la langue française. Joachim Du Bellay en traduisit à la lettre nombre de passages dans le manifeste de la Pléiade, la *Deffence et illustration de la langue françoise*. Claude Gruget, qui traduisit les *Dialogues* de Speroni, y trouva la confirmation de l'excellence de sa propre langue et de la dépendance de la littérature italienne de la littérature française. Speroni, généralement très susceptible, ne prit ombrage ni du plagiat ni de la traduction ; probablement même s'en réjouit-il. Il pensait en effet que le rôle de la France dans la naissance de la civilisation moderne et de la littérature italienne avait été fondamental. Comme il l'écrivit dans son *Discours sur la paix au roi Antoine de Navarre* [*Orazione della pace al re Antonio di Navarra*], il lisait les histoires de France tant en latin qu'en français « et ce toujours volontiers ; en partie, d'abord, pour mon plaisir, par l'effet d'un certain attachement naturel que j'avais pour la France ; et en partie, ensuite, du fait de l'élégance de cette langue, d'où la nôtre tient absolument tout ce qu'elle a de noblesse et de grâce » (S, III, p.50). Cette conviction contribua à la fortune qu'il connut en France en même temps qu'elle lui rendit particulièrement flatteuses les louanges qui lui provenaient des grands lettrés français.

★ ★ ★

la langue toscane, mais il me semble aussi qu'il a mieux observé le décorum – ou, si vous voulez, les convenances – dans la personne de M. Lazzaro, lorsqu'il la blâme et l'attaque, qu'il ne le fait dans la personne de Bembo et d'un autre, lorsqu'il la loue et la défend ».

Sperone Speroni naquit à Padoue le 12 avril 1500 de Bernardino, médecin de bonne réputation et enseignant à l'université, et de Lucia Contarini. Après un doctorat *in artibus* obtenu le 10 juin 1518, il fut, à vingt ans à peine, chargé d'enseigner la logique à l'université de Padoue. Il n'était toutefois pas satisfait de ce qu'il avait appris, et en 1523, au lieu d'accepter une nouvelle charge d'enseignement, il se rendit à Bologne, où il parfit sa formation à l'école de Pietro Pomponazzi. De retour à Padoue après la mort de son maître (1525), il obtint une chaire extraordinaire de philosophie et jusqu'en 1528 il s'occupa – comme il le dit dans son *Apologie des dialogues* – à « toujours lire et philosopher à la manière péripatéticienne sur le ciel et les éléments, sur l'âme et les principes de la nature » (T., p. 711).

La mort de son père, survenue en 1528, le contraignit à abandonner l'enseignement universitaire et se consacrer aux affaires domestiques. Malgré tout, ses obligations familiales ne l'empêchèrent pas, l'année suivante, de se rendre à Bologne, où la plupart des lettrés étaient rassemblés pour assister à la rencontre de Clément VII et de Charles Quint et au couronnement de l'empereur. Dans la demeure de Gasparo Contarini, lui aussi élève de Pomponazzi et pour l'heure ambassadeur de la Sérénissime à Bologne, il participa à de doctes discussions, dont il nous a laissé un témoignage dans son *Dialogue de la vie active et de la vie contemplative* [*Dialogo della vita attiva e contemplativa*]. À son retour à Padoue, il épousa Orsolina da Stra, dont il eut trois filles. Il fut un père puis un grand-père prévenant, affectueux, sévère ; administrateur attentif et scrupuleux

des biens de la famille.[3] Il participa activement à la vie de sa cité, occupa diverses charges et fut souvent envoyé en mission à Venise. Cet engagement civique le poussa à réfléchir sur les problèmes d'une éloquence appropriée à la société moderne. Et c'est au cours de ces années particulièrement riches en engagements qu'il écrivit les *Dialogues* qui furent publiés en 1542.

Il trouva un milieu propice à la diffusion et à la mise en pratique de ses idées dans l'Académie des Enflammés, dont il fut élu Prince pour le semestre d'octobre 1541 à mars 1542.[4] Ce fut un principat mémorable et lourd de conséquences dans l'histoire des académies. Le lendemain de son couronnement solennel, à ce que raconte Bernardino Tomitano, de nombreux lettrés se réunirent chez le nouveau prince, lequel – stimulé par Michele Barocci, qui exprimait des doutes sur la possibilité, pour l'Académie, de maintenir son prestige « sur le territoire d'une Université, où toute la journée on lit et explique les belles et graves sentences des philosophes antiques, ainsi que la théologie, le droit, la médecine et les lettres grecques et latines » – expliqua quelles devaient être selon lui les occupations de l'Académie : « J'étais, et resterai toujours, d'avis que l'on n'y prononçât aucune leçon qui ne fût en

---

3. Cf. à ce sujet M. R. LOI, *S. Speroni « pater familias »*, in (collectif) *S. Speroni*, Padova, Editoriale Programma (« Filologia veneta », II), 1989, p. 219-56 ; S. SPERONI, *Lettere familiari*, a cura di M. R. LOI e M. POZZI, I. *Lettere alla figlia Giulia*, Alessandria, Edizioni dell'Orso, 1993.

4. Sur l'Académie des Enflammés, cf. A. DANIELE, *S. Speroni, Bernardino Tomitano e l'Accademia degli Infiammati di Padova*, in (collectif) *S. Speroni*, cit., p. 1-53 ; V. VIANELLO, *Il letterato, l'accademia, il libro. Contributi sulla cultura veneta del Cinquecento*, Padova, Antenore, 1988.

langue vulgaire ; ce qui m'a conduit à penser et me persuader que nous commettrions une très grosse erreur si nous agissions autrement, et nous imaginions pouvoir prononcer des leçons en grec et en latin avec la même autorité et la même maîtrise que notre très-docte messire Lazare à l'Université ». L'Académie, du reste, avait été créée à seule fin d' « apporter quelque supplément de clarté, d'agrément et de dignité à la langue que nous appelons toscane, et non point pour en faire une confrérie populaire ou une synagogue ».[5] C'est sur la base de ces principes que l'Académie des Enflammés se forgea une physionomie qui la rendit différente des nombreuses académies précédentes : elle devint, dirions-nous aujourd'hui, l'expression d'une culture alternative par rapport à celle de l'Université et la manifestation du prestige nouvellement acquis par la langue vulgaire.

Peut-être est-ce justement à la suite de discussions nées au sein de l'Académie sur la tragédie, et sur l'*Orbecche* de Giraldi Cintio en particulier, que Speroni composa entre le 8 janvier et le 9 mars 1542 sa *Canacé* [*Canace*], qui devait être jouée dans la demeure de Giovanni Cornaro, Capitaine de Padoue ; mais la représentation n'eut pas lieu, en raison, le 17 mars, de la mort soudaine de Ruzzante qui, pour la première fois, devait y jouer un rôle tragique. Le 2 avril Alvise Cornaro écrivit à Speroni sa fameuse apologie de la vie sobre : il affirmait que la seule

---

5. B. TOMITANO, *Ragionamenti della lingua toscana. I precetti della retorica d'Aristotile e Cicerone aggionti*, Venezia, G. de' Farri e fratelli, 1546, p. 17-21. Fondamental, sur la pensée linguistique et critique élaborée au sein de l'académie : F. BRUNI, *S. Speroni e l'Accademia degli Infiammati*, in « Filologia e letteratura », XIII (1967), p. 24-71.

douleur capable d'en entamer la félicité était la mort des amis, et dans le cas d'espèce celle de Ruzzante, sur qui Speroni avait beaucoup compté pour la représentation de sa « vraie et admirable tragédie ».[6]

Tous n'étaient cependant pas du même avis. On répandit sans nom d'auteur un manuscrit daté du 1er juillet 1543, le *Jugement sur une tragédie de Canacé et Macarée* [*Giudizio d'una tragedia di Canace e Macareo*], où la *Canacé* était blâmée en tous points. Dans un premier temps Speroni, qui pourtant n'était pas homme à supporter de tels affronts, évita de répliquer publiquement ; mais quand, en 1550, le *Jugement* fut publié par l'imprimeur lucquois Vincenzo Busdrago, il ne put se dispenser de répondre aux critiques et entreprit de composer une *Apologie*, restée inachevée. Plusieurs fois ensuite il intervint ou pensa intervenir pour défendre sa tragédie, à vrai dire dépourvue de poésie, mais qui, comme d'autres œuvres de l'époque, eut le mérite de susciter des discussions approfondies, riches de ferments critiques nouveaux, où la pensée de la Renaissance eut l'occasion de se préciser.[7]

Grâce à l'Académie des Enflammés, au succès de ses *Dialogues* ainsi qu'aux discussions sur la *Canacé*, Speroni non sans raison apparut comme

6. A. Cornaro, *Scritti sulla vita sobria. Elogio e lettere*, prima edizione critica a cura di M. Milani, Venezia, Corbo e Fiore editori, 1983, p. 143. On sait que le 22 février 1562 Speroni écrivit à Cornaro pour réfuter ses argumentations en faveur de la vie sobre ; lettre qu'il désavoua par une autre qui nous est parvenue tronquée. Textes dans S. Speroni, *Lettere familiari*, cit., II., 1994, p. 128-33, 254-56.

7. La *Canace* et les textes écrits par Speroni pour la défense de sa tragédie, ainsi que le *Giudizio*, probablement œuvre de Giambattista Giraldi Cintio, ont été publiés par Ch. Roaf (Bologna, Commissione per i testi di lingua, 1982).

le maître de la nouvelle littérature en langue vulgaire. Tomitano le célébrait dans ses *Discours de la
langue toscane* [*Ragionamenti della lingua toscana*],
Bernardo Tasso écoutait dévotement ses conseils,
l'Arétin lui témoignait une grande admiration et
dans ses appréciations trouvait presque une justifi-
cation de son propre instinct littéraire. Et son
influence n'était pas moins profonde sur quelques
lettrés toscans, Benedetto Varchi et Alessandro
Piccolomini surtout, qui répandirent sa pensée en
Toscane.[8]

Jusqu'à cinquante ans passés, la vie de Speroni
se déroula essentiellement entre Padoue et Venise.
Peu à peu, toutefois, mûrit en lui une aversion crois-
sante pour le milieu padouan et il céda à la séduc-
tion des cours. En 1553 finalement, en compagnie
de Guidobaldo II, duc d'Urbino, il se rendit à Rome,
qu'il n'avait pas encore vue. Ce peu d'intérêt pour
Rome, lui aussi, est symptomatique de la nature par-
ticulière de sa conception de l'art. Il y retourna en
1560 pour accompagner Virginia, fille de
Guidobaldo II et femme de Federigo Borromeo ; et
là il participa aux séances de l'Académie des Nuits
Vaticanes, où le cardinal Charles Borromée [Carlo
Borromeo] réunissait divers lettrés et savants. Pour
complaire à Pie IV, il composa le *Discours au roi
Philippe d'Espagne* [*Orazione al Re Filippo di Spagna*]
(S., III, p. 1-46), où est célébrée la paix de Cateau-
Cambrésis, et le *Discours sur la paix au roi Antoine
de Navarre* (S. III, p. 47-114), pour le convaincre de
renoncer à favoriser les huguenots. Les deux dis-

---

8. Cf. F. Bruni, *Sistemi critici e strutture narrative*, Napoli, Liguori,
1969 ; E. Bonora, *Dallo Speroni al Gelli*, in *Retorica e invenzione*, Milano,
Rizzoli, 1970, p. 35-43.

cours, très longs et inachevés, témoignent non seulement de son habileté rhétorique coutumière, mais d'une remarquable érudition. Le chapeau de cardinal, qu'il avait ingénument espéré, ne vint toutefois pas et, le 6 septembre 1564, il quitta Rome pour s'en retourner à Padoue, où le rappelaient des problèmes familiaux urgents. Dès que la nouvelle de son retour parvint à Venise, les Réformateurs de l'Université lui proposèrent la chaire de philosophie morale, et Alvise Mocenigo et Angelo Blasio insistèrent pour qu'il l'acceptât. Mais il sut résister aux flatteries et, avec des paroles d'une grande noblesse, refusa.[9] Cette offre, en tout état de cause, fut une des rares satisfactions qui lui vinrent de ses compatriotes ; en effet, au bout de peu de temps, accablé de trop de soucis – dus en particulier à des différends familiaux –, il ne pouvait déjà plus supporter de vivre à Padoue.

Il revint à Rome vers la fin de 1573, pensant trouver là le milieu le plus approprié pour passer sereinement ses dernières années. Mais un gentilhomme, dont il ne sut jamais le nom, apporta au père inquisiteur ses *Dialogues*, annotés là où selon lui ils outrageaient la morale. C'est alors qu'il écrivit l'*Apologie des dialogues*, divisée en quatre parties, et l'envoya à ses amis pour qu'ils la lisent. Elle plut énormément ; Speroni, en effet, avait su y retrouver le brio et la subtilité de ses œuvres de jeunesse, se livrant à une défense pleine de dignité du style « comique » en un temps où l'hypocrisie de la Contre-Réforme avait entraîné la fin du dialogue de

---

9. La lettre à Angelo Blasio du 19 août 1564 in SPERONI, *Lettere familiari*, II, cit., p. 167-70.

la Renaissance et de la comédie. L'*Apologie*, effectivement, est une défense et une exaltation des *Dialogues*
– « qui ont vécu cinquante ans […] chers aux dames
et aux chevaliers et aux princes, plus d'une fois
allégués, non seulement par les doctes dans leurs
écoles, mais dans les églises, en chaire » (S., I, p.
327) – mais également de la culture, qui n'est jamais
nocive, et des expériences humaines, qui loin de le
corrompre, fortifient l'homme. Speroni veut avant
tout souligner « que le dialogue, généralement
parlant, est une espèce de prose qui tient beaucoup
du poème » et « que tout dialogue sent fort la
comédie » :

> Donc, de même que dans les comédies entrent en
> scène diverses personnes, beaucoup d'entre elles pas
> très bonnes, mais toutes autant qu'elles sont introduites
> à de bonnes fins et pour cette raison admises par la cité :
> c'est-à-dire des serviteurs malicieux, des amoureux sans
> le moindre bon sens, des parasites, des flatteurs, des
> jeunes et des vieilles de mauvaise vie ; et que chacun
> parle conformément à ce qu'il est ou paraît être, et que
> s'il parlait autrement, quelques bons propos qu'il tienne,
> il remplirait mal son office et heurterait le théâtre ; de
> même le dialogue bien conçu, comme l'est le dialogue
> de Platon, comporte de nombreux interlocuteurs
> différents, qui discourent conformément aux mœurs
> et à la vie que chacun d'eux représente (T., p. 684).

Le dialogue, « étant semblable à la comédie, qui
est une espèce de poésie, veut semblablement avoir
part à ses privilèges poétiques » (T., p. 697) : « il
est matière comique et poésie sans les vers », « jeu
et divertissement et […] divertissement oisif » (T.,
p. 698). L'auteur représente la conversation ; ses
personnages exposent et cherchent à justifier leurs
opinions : « il est rare qu'il veuille porter sur celles-

ci un jugement conclusif ; il reste toujours à mi-chemin entre deux, afin que chacun des interlocuteurs puisse se vanter d'avoir remporté la victoire et se glorifier de son savoir » (T., p. 696). Dans ce type de dialogue – où il doit être permis « aux personnes introduites de disputer selon probabilité sur toutes les matières, autant qu'au poète et au peintre de les figurer et de les représenter » (T., p. 701) – on imite non seulement les personnes mais les idées : on ne donne pas des choses

> la science vraie et certaine [...], comme le veut la méthode aristotélicienne, mais la science imitée et figurée. Donc, de même que dans les comédies n'ont coutume d'entrer vraiment ni la prostituée ni le parasite ni l'entremetteuse ni le véritable jeune amoureux, mais des acteurs masqués qui paraissent être ces personnages et ne le sont pas ; et que dans les dialogues de Platon ce n'est ni Socrate ni Alcibiade ni Gorgias qui parle, mais on fait à leurs noms, qui sont là écrits et peints, parler le langage que tous les trois tenaient dans leurs débats ; de même la doctrine que nous y apprenons n'est pas science démonstrative, mais une représentation de cette science qui à cette science ressemble (T., p. 705).

Ainsi Speroni peut-il énoncer « une très étrange vérité » :

> si l'opinion dialogique n'est pas science, mais représentation de science, je peux dire que, si on introduit dans le dialogue des personnages ignorants, non seulement ils divertiront plus, mais ils ne seront peut-être pas moins utiles que les personnages savants. J'ajoute que pour bien écrire un dialogue il n'est pas nécessaire que l'auteur soit trop savant ; il suffit qu'il ait l'esprit tant soit peu dispos, apte à recevoir je ne sais quelle grâce ou fureur divine, comme disaient les anciens et comme je dirai moi-même le moment venu (T., p. 707).

Dans la seconde partie, où Speroni justifie un à un les points contestés, l'*Apologie* perd un peu de son mordant, même si ne manquent pas les passages courageux, comme celui où il est répété que même « en parlant de choses vaines et non bonnes » on peut employer des mots tels que *Dieu, mystère, relique, tabernacle* « et d'autres désignant pareillement les choses sacrées » (S., I, p. 301). Le raisonnement languit et devient fragmentaire dans les deux dernières parties, où l'on trouve malgré tout de nouvelles preuves du courage de Speroni, lequel se plia toutefois aux requêtes de l'Inquisition et, pendant cette même année 1575, composa le *Discours contre les courtisanes* [*Orazione contra le cortigiane*], écrivit la seconde partie du *Dialogue de l'Usure*, où Ruzzante répond à la soi-disant déesse, et corrigea le *Dialogue d'amour* en vue d'une nouvelle édition des *Dialogues* qui ne fut jamais menée à son terme.[10]

En avril 1578, pour sauvegarder son honneur vis-à-vis des médisances des Padouans et aussi pour surveiller sa situation financière, il rentra dans son pays. Il comptait repartir bientôt pour Rome, mais ses affaires familiales le contraignirent à rester à Padoue. De 1581 datent deux lettres à Felice Paciotto,[11] où il accuse le Tasse de s'être, dans ses *Discours de l'art poétique*, approprié des idées que lui-même avait exposées au cours de conversations privées : accusation difficile à apprécier, car il est

10. L'*Orazione contra le cortigiane*, in S., III, p. 191-244 ; la seconde partie du *Dialogo dell'Usura*, in S., I, p. 111-32 ; la rédaction revue du *Dialogo d'amore*, in S., I, p. 1-45 (rédaction non censurée in T., p. 511-63).

11. Respectivement du 29 janvier et du 24 février ; in SPERONI, *Lettere familiari*, II, cit., p. 224-26.

resté trop peu de choses des considérations de
Speroni sur la poétique. Quoi qu'il en soit, il est
certain que les *Discours* sont une œuvre trop
personnelle pour avoir été « volée » à quelqu'un
d'autre, si ce n'est dans des détails, à la marge.
Probablement s'agit-il, de la part de Speroni, d'un
moment de colère face à des rapports qui avaient
toujours été difficiles, en raison de la différence
d'âge, de tempérament, de mentalité, de culture,
qu'il y avait entre lui et le fils de son très cher ami
Bernardo Tasso. Courtisé par beaucoup de lettrés,
il avait coutume d'exprimer son avis sans ména-
gement. Qu'il suffise de penser à la part qu'il prit
dans les vicissitudes de l'*Amadis* avec ses conseils
très tranchés, que le faible Bernardo Tasso généralement suivait, sauf à s'excuser d'abondance quand
il ne pouvait éviter de faire prévaloir sa propre
opinion. Le Tasse [Torquato Tasso] était bien
différent de son père : plein de scrupules, extrême-
ment tourmenté, mais conscient de la valeur de sa
poésie et rien moins que disposé à suivre sans
broncher les conseils qu'il sollicitait pourtant avec
tant d'obstination ; et il est probable que la cause
première de ses démêlés avec Speroni soit à
rechercher dans le fait que le Padouan le traita avec
la même franchise brutale que Bernardo et tous ceux
qui lui demandaient des avis. Si donc Speroni n'eut
à son endroit qu'un moment de colère, le Tasse
dut éprouver à l'égard de celui-ci des sentiments
complexes, où l'estime pour le savant s'accompagnait
de défiance, de suspicion, de rancœur vis-à-vis de
l'homme. Il nous a malgré tout laissé un beau
jugement sur Speroni, dans ses *Discours de l'art
poétique* précisément, là où il rappelle qu'en 1560,

alors qu'il se trouvait à Padoue pour ses études, il fréquentait sa demeure « tout aussi souvent et volontiers que les écoles publiques, car il *lui* semblait y trouver représentée l'image de l'Académie ou du Lycée où les Socrate et les Platon avaient coutume de disputer ».[12]

J'ai cité cet épisode, qui mériterait d'être approfondi comme il se doit, pour donner plus de relief au comportement très différent de Speroni vis-à-vis de Du Bellay. Il est vrai, comme je l'ai dit plus haut, qu'il aimait la France et qu'il était fort satisfait qu'un lettré d'importance ait utilisé ses idées. Son amour pour la France trouve confirmation, précisément vers la même époque, dans l'épître en hendéca-syllabes libres qu'il écrivit *Au Seigneur Pierre de Ronsard* (S., IV, p. 356-65). Dans une lettre du 10 juillet 1582 un de ses vieux amis, Filippo Pigafetta, lui adressa de Paris des informations précises sur la situation culturelle dans la capitale française et sur les amis lettrés qu'il y avait rencontrés. Lors d'une de ces rencontres, Ronsard lui aurait dit à propos de Speroni : « Comme il est depuis trente ans mon ami à moi aussi, vous voudrez bien lui envoyer un de mes livres, en le priant de le lire et de m'écrire à loisir une courte lettre pour me donner son avis » (S., V, p. 371). Speroni fit bien plus, il composa l'épître en vers citée plus haut, où il y a incontestablement beaucoup d'emphase et de rhétorique ; l'admiration pour la poésie de Ronsard est malgré tout sincère, tout comme les remarques sur sa propre formation et sa propre culture ; comme les vers, par exemple, sur son désir d'apprendre non

12. T. TASSO, *Discorsi dell'arte poetica*, in *Prose*, a cura di E. MAZZALI, Milano-Napoli, Ricciardi, 1959, p. 364.

encore assouvi malgré son grand âge, ou ceux où il évoque ses deux maîtres, Pietro Pomponazzi, « le Mantouan, qui fut la gloire / de toute philosophie », et « Bembo, / qui fut l'ornement de Venise et de Rome » :

> Les cimes ils tenaient très-hautes et ardues
> de l'humaine raison, car autant l'un que l'autre,
> ils savaient et disaient des choses le pourquoi :
> et ils furent pour moi ce qu'aux Grecs fut le chœur
> des neufs sœurs […].

Les Muses se trouvaient alors en France et c'était Ronsard qui les y avait conduites « au son clair et suave / de l'une et l'autre lyre ; aussi semblez vous-même – disait-il à Ronsard – / de Pindare l'égal, l'égal aussi d'Horace / desquels ni le second n'êtes, ni le troisième » (S., IV, p. 358-9). Outre Ronsard, Speroni loue hautement la France et sa tradition, ce qui est – comme on l'a dit plus haut – un trait typique de sa culture.

Entre 1585 et 1587, malgré les infirmités de la vieillesse et ses nombreuses chicanes – et comme pour confirmer, à la fin de sa vie, son indéfectible fidélité à l'enseignement de Pomponazzi et aux idées qu'il avait exposées dans ses *Dialogues* de jeunesse –, Speroni réussit encore à composer une œuvre de grande importance, le *Dialogue de l'histoire*, où sont discutées les idées sur l'histoire que le philosophe mantouan aurait exposées « en suivant, selon lui, la doctrine d'Aristote » (S., II, p. 221) dans un petit ouvrage dont on ne sait rien d'autre. Dans cette œuvre reviennent les idées des dialogues de jeunesse ; mais y est également évidente l'influence de la culture de la Contre-Réforme, de sorte qu'elle marque « l'adhésion de Speroni au grand dessein culturel de celui qui

l'avait accueilli vingt ans plus tôt dans l'Académie des Nuits Vaticanes : le futur saint Charles Borromée », comme l'a montré Jean-Louis Fournel.[13]

Speroni mourut de vieillesse à Padoue pendant la nuit du 2 juin 1588. Il fut enseveli dans le Dôme. Sur son monument funéraire, sa fille fit mettre l'inscription qu'il avait lui-même préparée avec beaucoup de soin, la polissant et la corrigeant à plusieurs reprises ; il tenait surtout à souligner qu'il s'était excellemment occupé d'une très nombreuse famille et qu'il avait parlé et écrit sans vulgarité « dans notre idiome vulgaire, dans un style varié, jusqu'à la dernière extrémité », et qu'il « était lu et écouté ».

II – LE *DIALOGUE DES LANGUES*

Les *Dialogues*, que Daniele Barbaro publia en 1542 à Venise chez les fils d'Alde Manuce, sont le chef-d'œuvre de Speroni, non seulement par leur qualité littéraire et l'acuité de la pensée, mais en raison des réflexions qu'ils présupposent et de leur très originale structure dialogique. À part *Du temps de l'enfantement chez les femmes* [*Del tempo del partorire delle donne*], qui n'est pas un dialogue (même si c'est ainsi que l'appelle l'auteur lui-même) mais une lettre adressée à un « mon très honorable seigneur » non identifié, les dialogues sont issus – comme l'affirme Speroni dans son *Apologie des dialogues* – du discours pour et contre sur le mode épidictique, qui est le plus ouvert à la libre création artistique. Cette origine

13. J.-L. FOURNEL, *Il « Dialogo della storia » : dall'oratore al religioso*, in (collectif) *S. Speroni*, cit., p. 166 ; je renvoie à cet essai pour une lecture attentive de cette œuvre complexe de Speroni.

apparaît évidente lorsque la thèse est ardue et en contradiction avec la *communis opinio*. Le rhéteur alors se transforme souvent en un grand artiste, car une fois qu'il a commencé à faire l'éloge des courtisanes ou de l'amour libre, de l'usure ou de la discorde, ce qui était une thèse assumée par exercice littéraire devient, au fil de la succession rapide des argumentations, une solide conviction subjective, la conviction d'un personnage « imité » sur le vif. Les *Dialogues* sont une sorte de comédie singulière, où l'imitation concerne non pas les actions, mais les opinions. Le sentiment de vérité et la caractérisation des personnages ne naissent toutefois pas, le plus souvent, de l'opposition dialectique des opinions, mais bien des discours que prononce chaque interlocuteur. Dans l'édition aldine, le dialogue *De l'Usure* se compose seulement d'un long discours de la déesse, que Speroni a sentie comme un personnage ; et cela donne tant de vérité à ses paroles que l'on a tout à fait l'impression de lire une défense sans scrupules du capitalisme. De même, dans le dialogue *De la dignité des femmes*, la thèse sérieuse est celle d'Obizza ; mais seule y brille, souriante et malicieuse, la thèse de l'amour libre. Speroni, avec ces textes, inaugurait un dialogue « comique » destiné à trouver un juste équilibre dans la *Raphaëlle* (1540) d'Alessandro Piccolomini, pour ensuite s'épuiser rapidement dans le *Discours où l'on apprend aux jeunes le bel art d'aimer* [*Ragionamento nel quale s'insegna a' giovani la bella arte d'amare*] de Francesco Sansovino (1545) et le *Miroir d'amour* [*Specchio d'amore*] de Bartolomeo Gottifredi (1547).

★ ★ ★

Dans le *Dialogue des langues,* le contraste d'opinions sérieuses d'où jaillit la vérité est bien orchestré.
La solution à quelques problèmes linguistiques
fondamentaux est ici recherchée à travers l'opposition
d'opinions historiquement existantes et incarnées de
façon cohérente dans des personnages très connus,
fidèlement représentés, dont aucun ne finit
vainqueur. Le dialogue s'enracine ainsi résolument
dans la situation culturelle italienne des années 1530,
mais en touchant à l'essence des problèmes au point
que beaucoup de ses pages ont été utilisées dans des
situations historico-culturelles profondément
différentes.

Les années trente, pendant lesquelles Speroni
composa le *Dialogue des langues,* se caractérisent par
l'euphorie née du triomphe de la langue vulgaire
et de l'imprimerie, qui entraînèrent l'apparition de
nouvelles capacités professionnelles et un abaisse-
ment radical de l'âge auquel les jeunes commen-
çaient à publier. Auparavant les discussions
linguistiques avaient fait leur entrée parmi les
ouvrages imprimés avec les *Proses sur la langue
vulgaire* [*Prose della volgar lingua*] de Bembo (1525),
qui avaient obtenu l'approbation générale, et avec
l'*Épître sur les lettres nouvellement ajoutées à la langue
italienne* [*Epistola de le lettere nuovamente aggiunte
nella lingua italiana*] (1524) du Trissin [Gian Giorgio
Trissino], qui au contraire avait amorcé une
polémique centrée surtout sur le nom à donner à
la langue moderne et sur les problèmes
d'orthographe. Les problèmes généraux furent
ensuite abordés dans les deux discours *De linguae
latinae usu retinendo* de Romolo Amaseo contre la
langue vulgaire (1529), qui ont déjà un goût de

défense d'une cause perdue, dans la réplique grandiloquente et enflammée de Girolamo Muzio *Pour la défense de la langue vulgaire* [*Per la difesa della volgar lingua*], riche par ailleurs de perspectives pénétrantes et intéressantes (composée vers 1533, elle fut ensuite incluse dans les *Batailles* [*Battaglie*] publiées posthumes en 1582) et dans la *Lettre pour la défense de la langue vulgaire* [*Lettera in difesa de la lingua volgare*] d'Alessandro Citolini (1540) ; les lettrés, pour la plupart, sont toutefois engagés dans la préparation d'instruments grammaticaux et lexicographiques de la langue vulgaire : grammaires, dictionnaires de rimes ou autres manuels.

Dans le *Dialogue des langues*, le climat des années trente est perceptible dans une foi résolue en la langue vulgaire qui restera ensuite constante chez Speroni ; on n'y retrouve en revanche ni la discussion sur le nom à donner à la langue ni l'intérêt pour les problèmes techniques, qui n'y sont qu'effleurés : le dialogue tend à se situer hors du temps comme dans les *Proses sur la langue vulgaire*, mais dans une perspective différente. La fiction nous reporte à Bologne à l'automne 1530, un an après le grand rassemblement de lettrés à l'occasion du couronnement de Charles Quint. Il y a donc là un déphasage étrange par rapport au *Dialogue de la rhétorique* [*Dialogo della retorica*], situé comme d'autres en 1529 à Bologne. Peut-être Speroni a-t-il volontairement marqué un écart par rapport au *Dialogue de la rhétorique* ou peut-être a-t-il simplement voulu profiter de l'entrée en matière heureuse que lui offrait la nomination de Lazzaro Bonamico à Padoue pour l'enseignement des deux langues mortes ; quoi qu'il en soit, il est certain que les deux dialogues sont parallèles et

complémentaires, et même que le *Dialogue de la rhétorique* et le *Dialogue de la vie active et de la vie contemplative* présupposent la discussion sur la langue.

★ ★ ★

La discussion se déroule entre Pietro Bembo, Lazzaro Bonamico, un courtisan et un « écolier », qui ne fait en réalité qu'écouter jusqu'au moment où il est directement interpellé. Le premier à parler est Pietro Bembo ; dans le dialogue aucun personnage n'est dépositaire de la vérité et aucun n'est l'incarnation de l'erreur, et cela vaut en premier lieu pour lui. Speroni louait avec enthousiasme certains aspects de son œuvre, alors que d'autres lui apparaissaient en revanche inacceptables. Comme cela ressort également du discours qu'il écrivit à l'occasion de sa mort (S., III, p. 158-69), il voyait très clairement que Bembo avait joué un rôle fondamental en montrant dans ses *Proses sur la langue vulgaire* que la langue vulgaire italienne avait toutes les qualités pour être celle de la grande littérature et, en outre, que la tradition vulgaire avait déjà de grands modèles. Ses argumentations étaient d'ordre strictement rhétorique. Il n'avait pas hésité à s'occuper de problèmes techniques (les origines de la langue vulgaire, sa grammaire, sa métrique), mais il l'avait fait en homme présentant avec désinvolture quelques exemples significatifs sans vouloir s'engager dans les méandres des dissertations scolaires. Il voulait que la langue vulgaire fût l'égale du latin, de façon que – comme l'avaient déjà fait Pétrarque et Boccace – d'autres pussent s'élever au

niveau de la tradition classique. Speroni applaudissait à la démonstration de Bembo et à l'exemple qu'il avait fourni par sa propre activité poétique, et il partageait sa conception aristocratique de l'art ; mais il voyait tout aussi clairement les limites de sa doctrine littéraire.

Speroni avait une personnalité très différente de celle de Bembo ; non seulement parce qu'il appartenait à une génération plus jeune que la sienne, mais parce que son parcours culturel avait été fort différent. Lui s'était formé dans les salles de cours universitaires et il était quasiment étranger à l'humanisme philologique raffiné qui avait incité Bembo à ne pas viser au doctorat pour ne pas avoir de comptes à régler avec le latin indigeste des professeurs. Bembo plaçait la poésie au plus haut de ses pensées ; Speroni était surtout un prosateur. Bembo dédaignait les tâches civiques, Speroni s'en occupait activement. Bembo fondait la grandeur de l'homme sur la forme ; Speroni, par son père déjà, avait été habitué à considérer « qu'il n'est en l'homme nulle infirmité plus grande et plus mortelle que l'ignorance ».[14]

Bembo désirait ardemment qu'il y eût à l'université de Padoue de bons enseignements de grec et de latin ; on peut même considérer ce désir comme une sorte de présupposé du dialogue. Le 23 septembre 1526, il avait écrit à Romolo Amaseo, s'efforçant de le persuader de revenir à Padoue, d'où il s'était éloigné deux ans plus tôt.[15] L'année suivante,

14. Paroles attribuées à Speroni par Bernardino Tomitano dans les *Quattro libri della lingua toscana*, Padova, I. Olmo, 1570, p. 211 r-v.

15. P. BEMBO, *Lettere*, edizione critica a cura di E. TRAVI, Bologna, Commissione per i testi di lingua, 1990, p. 378-79.

le 2 novembre 1527, il avait rappelé à Marin Giorgio, réformateur de l'Université, que « dans cette université honorable et très fréquentée, il y a grand besoin d'un lecteur de grec ; lecture qui, en raison de l'universel désir de connaître les lettres grecques, n'est pas moins nécessaire qu'aucune autre » ; et il l'avait invité à ne pas être « aussi chiche de lecteurs soit en grec soit en latin de ces lettres que l'on appelle humaines, qui sont tout de même le fondement de toutes les sciences que l'on doit parfaitement apprendre ».[16] Son désir fut exaucé précisément lorsque fut engagé Lazzaro Bonamico, que la Seigneurie ne laissa plus lui échapper, en allant jusqu'à accéder à ses exigences salariales. Mais il ne suffisait pas à Bembo que le grec fût enseigné par de bons professeurs ; plus encore que Bonamico, qui était toujours resté fidèle à Pomponazzi, il jugeait la philosophie inséparable d'une parfaite connaissance des langues classiques ; et cela, Speroni ne pouvait vraiment pas l'accepter.

Speroni, ensuite, était en désaccord sur un point fondamental de la poétique de Bembo : le principe d'imitation. Il refusait l'imitation du style, non celle des *res*, qu'il jugeait au contraire très utile car, comme la traduction, elle permet d'assimiler l'éloquence des autres et d'enrichir sa langue maternelle de « sentences oratoires » et de mots « aptes à signifier toutes nos conceptions » (S., II, p. 507). Le précepte de Cicéron : « choisir un grand, auquel nous nous assimilons par le langage » est clairement et résolument condamné dans son court traité *De l'art oratoire*. Puisque « les mots doivent être semblables

---

16. BEMBO, *Lettere*, cit., II, p. 475-76.

aux conceptions de l'esprit, dont ils sont les signifiants », si nous voulons « que notre discours soit semblable au discours d'un autre et l'imite, il faut que notre intellect d'abord se fasse semblable à celui de l'autre, et fasse les choses, c'est-à-dire mes conceptions semblables aux conceptions de l'autre ». Celui donc qui se propose d' « imiter, et non de faire les choses par lui-même, celui-là parle sans les conceptions de son propre esprit, ou contre elles ; il laisse ce que par lui-même *respicit* le discours pour se rapprocher de celui qu'il imite, auquel le discours est tenu de s'adapter par accident ». Ici l'accusation, particulièrement âpre et sévère, ne s'adresse pas aux humanistes en général, mais explicitement à l'auteur de l'épître *De imitatione* et des *Proses sur la langue vulgaire :* « Et à coup sûr, celui qui imite seulement comme le fait Bembo, celui-là n'a ni art ni intelligence. Il n'a pas d'art de parler, mais il écrit à l'imitation de quelqu'un [...] ; et il n'a pas d'intelligence pour ce qui est des choses ; parce que, s'il en était ainsi, il adapterait ses mots à ses propres conceptions, non à celles d'autrui, et ce sont ses propres conceptions qu'il chercherait à imiter, non celles d'autrui ou les paroles d'autrui, auxquelles elles ne peuvent être conformes [...] si les conceptions aux conceptions ne correspondent point ».

L'opposition à la doctrine de Bembo ne pourrait être plus nette. Speroni revendique, avec des observations qu'il ne faut toutefois pas surestimer, l'originalité et l'individualité de l'écriture ; originalité et individualité qui dépendent de ce que l'écrivain a su concevoir et inventer. Ses contemporains, seulement préoccupés d'apprendre les langues

classiques et d'imiter, se trouvent réunis dans une
même réprobation générale :

> je dirais que nos modernes ne savent rien, et n'ont
> aucun art, de sorte qu'ils ne sont ni poètes, ni orateurs,
> ni historiens et ne savent pas les langues ; mais ils écrivent
> sur toutes choses, sur tous les arts, dans toutes les
> langues, car ils ne s'appliquent qu'à imiter et à s'assimiler
> à tel ou tel autre orateur dans telle ou telle autre
> langue (S., V, p. 542).

★ ★ ★

Bembo, dans le *Dialogue des langues*, défend aussi
bien les deux grandes langues antiques que le toscan,
qui a assimilé les qualités du classicisme, et il finit
donc par s'affronter à Lazzaro Bonamico, auquel
est confiée l'exaltation du grec et du latin contre la
langue vulgaire. Dans ce cas également, le personnage est bien choisi. Lazzaro Bonamico (1477 ou
début de 1478-1552) avait été l'élève de Pomponazzi
pendant la seconde période de son enseignement
à Padoue (1499-1509) : dans le ms. J 220 inf., f.
89-149 de la Bibliothèque Ambrosienne, nous ont
été conservées des notes qu'il avait prises pendant
les leçons sur la *Physique* et sur le quatrième des
Metheororum libri d'Aristote données par le maître,
dont il devint par la suite l'ami et un collaborateur
fidèle. Pomponazzi, comme il est affirmé dans notre
dialogue, ne connaissait pas le grec ; aussi, en cas
de nécessité, avait-il recours à l'aide des hellénistes,
parmi lesquels Bonamico. Après qu'il eut enseigné
longtemps à titre privé (sur les conseils de
Pomponazzi, en 1522, Isabelle d'Este Gonzague
l'avait choisi comme maître de grec et de latin pour

son fils Ercole), le 29 septembre 1530 la Seigneurie de Venise l'appela comme lecteur de grec et de latin à l'Université. Il commença ses leçons le 3 ou le 4 novembre et donna un cours sur le discours *Pro lege Manilia* de Cicéron. La discussion rapportée par Speroni aurait donc eu lieu en octobre 1530. Son enseignement connut tout de suite un grand succès. Il amenda de nombreux textes, mais écrivit peu : imprimées, nous possédons de lui une vingtaine d'épîtres en vers métriques et un peu plus de quarante épigrammes. Il mettait tout son zèle dans son enseignement et, semble-t-il, avec d'excellents résultats.[17]

C'était un cicéronien convaincu ; il convient toutefois d'ajouter d'emblée, ne fût-ce que pour mieux comprendre la fiction de ce dialogue et la noblesse que Speroni prête à ses propos, que son attitude fut celle, non point d'un rhéteur infatué, mais d'un homme – pathétiquement, si l'on veut, mais dignement – convaincu que l'Italie, en conservant et restaurant le latin, aurait pu garder dans le monde une suprématie spirituelle susceptible de compenser son humiliation politique. Pour ce qui est de la langue vulgaire, il est probable que, ne fût-ce que sous l'influence de Bembo auquel le lia une longue amitié, l'âpreté de sa condamnation se soit atténuée avec le temps. Il fréquenta en effet l'Académie des Enflammés et composa en langue vulgaire – on ne sait quand (l'ouvrage fut publié posthume, avec peut-être quelques interpolations)

17. Cf. G. MARANGONI, *L. Bonamico e lo Studio Padovano nella prima metà del Cinquecento*, in « Nuovo archivio veneto », N. S., I (1901), p. 118-51, 301-318 ; II (1901), p. 131-96, et l'article *Bonamico Lazzaro* de R. AVESANI dans le *Dizionario biografico degli Italiani* (1969).

– les *Pensées sur la langue latine* [*Concetti della lingua latina*] (Venise, P. F. Spinola, 1562) où l'on entrevoit, semble-t-il, un intérêt pour les caractéristiques de la langue moderne.

★ ★ ★

Le dialogue commence par une comparaison entre latin et langue vulgaire. Et Lazzaro est facilement vaincu. Mais il s'agit d'un résultat prévu d'avance. L'année précédente, Romolo Amaseo avait prononcé à Bologne, en manière de leçon inaugurale de l'année académique 1529-1530, ses deux discours *De latinae linguae usu retinendo*, auquel fait allusion le Courtisan (p. 4), confirmant à nos yeux que le dialogue se déroule fictivement à Bologne pendant l'automne 1530. Cette leçon inaugurale eut un grand retentissement, du fait, entre autres, que se tenait alors à Bologne le congrès entre Charles Quint et Clément VII qui devait sanctionner l'hégémonie espagnole sur la péninsule italienne. Amaseo, selon lequel la langue vulgaire n'est que du latin corrompu, voulait – comme le résume Benedetto Varchi – que « pour parler, la langue vulgaire fût employée à la campagne, sur les marchés, avec les paysans, et dans les villes avec les boutiquiers : en somme, seulement avec la plèbe ; et la langue latine avec les gentils-hommes. Et pour ce qui était de l'écriture, que les choses basses et viles fussent écrites en langue vulgaire, et les choses nobles et graves en latin ».[18] C'est là justement, comme le note le Courtisan, l'opinion qu'expose Lazzaro Bonamico dans notre

18. Cf. *Discussioni linguistiche del Cinquecento*, cit., p. 584.

dialogue. Le problème, toutefois, avait désormais été résolu en faveur de la langue vulgaire.[19] Et si Speroni le reprend, ce n'est à coup sûr pas parce qu'il le considère encore d'actualité : « Il présente de nouveau les termes du débat – écrit Jean-Louis Fournel – pour mieux approfondir toutes les conséquences épistémologiques qu'impliquent la substitution d'une langue par une autre ou la solution moyenne que serait le bilinguisme ».[20] Ce n'est pas tout. Speroni veut extraire de chaque opinion tout ce qu'on y trouve de positif. Beaucoup des opinions de Bonamico, par exemple, sont pathétiques ou risibles, mais l'idéologie qui les sous-tend n'est souvent pas méprisable ; c'est la même que celles de Bembo et de Speroni. Elle apparaît, par exemple, quand il soutient que la langue des gens cultivés doit être différente de celle du vulgaire, ou quand il prétend qu'une bonne langue doit être dotée de nombre et d'harmonie, et en général dans son désir aigu d'une haute qualité d'expression.

★ ★ ★

Une fonction dialectique importante est également dévolue au personnage qui représente une classe sociale entière : le Courtisan. Par son

19. Naturellement, cela ne veut pas dire que les humanistes aient renoncé à traiter de ce problème. À Padoue, en 1541, Giovan Battista Goineo, membre de l'Académie des Enflammés, « dans un épanchement d'aigreurs et de jalousies académiques », composa un *Paradoxum, quod latino potius quam vulgari sermone scribendum sit* où, selon Valerio VIANELLO (*Il letterato, l'accademia, il libro*, cit., p. 97-101) auquel sont empruntés les termes entre guillemets, il prenait précisément pour cible le *Dialogo delle lingue* de Speroni.

20. J.-L. FOURNEL, *Les Dialogues de S. Speroni : libertés de la parole et règles de l'écriture*, Marburg, Hitzeroth, 1990, p. 120.

truchement, Speroni donne la parole au monde des cours (que, soit dit en passant, il ne connaissait pas encore), et il le fait si bien que beaucoup de lecteurs ont cru que, dans le différend qui l'oppose à Bembo, c'est lui qui expose les idées de l'auteur. En réalité, aux discours ordonnés et argumentés de Bonamico et de Bembo, le Courtisan n'oppose pas une conception divergente du langage, il n'argumente même pas sur les éléments de facilité et de fonctionnalité qui émergent pourtant de ses propos, mais il se limite à repousser les opinions de Bonamico et de Bembo, qui lui semblent également contraires à l'usage des cours, c'est-à-dire à la langue considérée comme un instrument de communication sociale. Il pense en somme à quelque chose de bien différent de ce à quoi pensent les deux autres, et il est donc logique que la discussion ne se poursuive pas : il n'y a pas de possibilité de médiation ou de dialectique entre leurs opinions opposées, car elles se réfèrent à des choses différentes. C'est précisément en raison de sa conception différente de la langue qu'il n'a pas de difficulté à comprendre lucidement que le toscan défendu par Bembo est une langue livresque, tout autant que le latin de Bonamico. Il a, lui, autre chose en tête : « je souhaite que de toutes les langues de l'Italie nous puissions accueillir des mots et certains tours et en user comme il nous plaît, faisant en sorte que le nom ne discorde point avec le verbe, ni l'adjectif avec le substantif : règle qui peut s'apprendre en trois jours, non parmi les grammairiens dans les écoles, mais dans les cours avec les gentilshommes, non en étudiant mais en s'amusant et en plaisantant, sans peine aucune, mais avec agrément pour les disciples et les précepteurs » (p. 27-

28). C'est fort bien dit ; mais si la langue était un pur instrument de communication avec les autres, Bembo et Bonamico (et Speroni) ne resteraient pas là à perdre du temps à son sujet. En revanche, le Courtisan fait mouche lorsqu'il met en avant l'exemple de Ruzzante. Déjà Bembo avait admis qu'un écrivain peut s'exprimer mieux en langue vulgaire qu'en latin ; maintenant le Courtisan (avec le « consentement » de Speroni, à coup sûr) ajoute qu'il peut en être de même s'agissant de deux langues vulgaires, le toscan et le padouan. S'il avait été poussé plus loin, le propos aurait abouti à des approfondissements importants ; Speroni toutefois ne vise pas à l'approfondissement des cas particuliers, mais à saisir les problèmes sous leurs aspects les plus généraux.

Bonamico, Bembo et le Courtisan ont donc présenté deux idéaux linguistiques, un idéal de langue écrite visant à exalter les qualités des hommes insignes, et un autre de langue usuelle non réglementée et qui ne peut donc donner lieu à une exposition doctrinale claire. Le premier présente deux solutions, celle qui ne considère comme classiques que les deux grandes langues de l'Antiquité et celle de Bembo, qui considère également comme classique le toscan de Pétrarque et Boccace.

★ ★ ★

Parvenu à ce point, le Courtisan à court d'arguments appelle à son secours l'Écolier, qui était jusque-là resté silencieux. Ce dernier, qui se déclare ignorant des problèmes linguistiques, rapporte le dialogue entre Janus Lascaris et Pietro Pomponazzi,

dont il est un très dévoué disciple. Pomponazzi s'étant tué en 1525, ce dialogue dans le dialogue nous ramène en arrière dans le temps. Speroni fut son élève pendant l'année académique 1523-24, quand il professait précisément un cours sur les *Metheororum libri* d'Aristote ; et il est, selon moi, vraisemblable qu'il ait voulu ainsi laisser un signal qui permît (au moins à ses amis les plus proches) de le reconnaître lui-même dans le personnage de l'Écolier : et en effet, pendant toute sa vie, il remplit la fonction de vulgarisateur de la leçon « non académique » du philosophe mantouan. Avec ce dialogue, on revient donc à une date antérieure aux *Proses sur la langue vulgaire* et à l'explosion des discussions linguistiques, mais sans conséquences, car, dans la conversation de 1530 elle-même, on ne trouve pas d'échos, ou presque, du débat contemporain. Le dialogue que rapporte l'Écolier sert essentiellement à amener la réflexion au plan philosophique. Et cette tâche ne pouvait être plus proprement confiée qu'à Pomponazzi, en raison non seulement de la dévotion que Speroni nourrissait à son égard, mais également de la personnalité réelle de ce grand philosophe.

Pietro Pomponazzi (Mantoue, 1462 – Bologne, 1525) fut un grand maître, aimé non seulement de notre Speroni, mais aussi de ceux qui ne partageaient pas ses idées, comme Bonamico ou Gasparo Contarini.[21] On l'appelait communément *Petit-Pierre* [*Peretto*], en raison de sa petite taille. Il enseigna à Padoue jusqu'en 1509 ; l'année suivante, il passa à l'université de Ferrare, puis à Bologne (1511), où

---

21. Sur Pomponazzi, voir surtout B. NARDI, *Studi su P. Pomponazzi*, Firenze, Le Monnier, 1965.

il resta jusqu'à sa mort. Il publia à Bologne, à l'automne 1516, le *De immortalitate animae*, où il soutenait que cette immortalité n'était pas rationnellement démontrable. L'ouvrage fut aussitôt attaqué comme hérétique et condamné au bûcher, et son auteur fut dénoncé à l'Inquisition. Alarmé de l'esclandre qu'avait suscité sa thèse, le philosophe en avait envoyé une copie à Gasparo Contarini, en le priant de donner son avis sur la question ; et ce dernier soutint que l'immortalité de l'âme pouvait être démontrée rationnellement et dégagée des textes aristotéliciens. Malgré les divergences, les remarques de Contarini furent celles auxquelles Pomponazzi accorda le plus de considération. Grâce à l'appui de Bembo et des magistrats bolonais, sa dénonciation resta sans conséquences, et il fut même permis au livre de circuler. Dans son *Defensorium adversus Augustinum Niphum*, Pomponazzi défendit sa position, distinguant nettement entre la voie rationnelle, où l'obligation de la démonstration est de rigueur, et la voie de la foi où l'on doit se limiter à croire.

Petit-Pierre, comme tous les enseignants universitaires, donnait ses leçons en latin, mais – comme le montrent les cours manuscrits étudiés par Nardi – son latin était le « latin grossier en usage dans les écoles, dépourvu de toute recherche humaniste, et émaillé fréquemment d'expressions qui affluaient sur ses lèvres venant de son dialecte maternel ».[22] Il n'est pas étonnant que Bonamico, le cicéronien, considère ce latin comme dialectal et soutienne que Petit-Pierre ne savait « aucune langue hormis la mantouane » (p. 30). Ce grand homme qui

---

22. NARDI, *Studi su P. Pomponazzi*, cit., p. 45.

sut tant de choses sur les secrets de la nature et sur
Aristote et sur Platon et sur Avicenne et sur Averroès
– dit Silvio Antoniano dans la seconde partie du
Dialogue de l'histoire – « ne sut rien de leurs langues
arabes et grecques ». De la langue latine, il ne
connaissait que le peu qu'il avait appris dans son
enfance, « allant à l'école presque de force de sept à
douze ans ». C'était moins que devait en savoir qui
« a une réputation de lettré », mais assez « pour bien
entendre la logique et les philosophies d'Aristote
traduites en latin *ab antiquo*, et tous les commentateurs
italiens et barbares ; ainsi que la Bible, les psaumes,
les prophètes, évangélistes et apôtres ». Et ce n'est pas
tout. Pomponazzi, « discourant familièrement avec
ses amis de choses basses et d'affaires domestiques
et d'Aristote avec ses disciples, avait coutume de parler
un vulgaire lombard à la manière de sa patrie, sans
se soucier de la grammaire : un art qui en toute
langue, si grossière et agreste soit-elle, peut trouver
sa place tout comme dans la langue toscane, même
si moins aisément à coup sûr, en raison de la rudesse
de la prononciation et des vocables fort éloignés de
la délicatesse de la langue florentine » (T., p. 729-30).

* * *

L'interlocuteur de Petit-Pierre est Jean [Janus]
Lascaris (1445-1534), qui appartenait à une très
noble famille grecque. Giovio [Paul Jove] écrivit que
« Graecorum fere omnium, qui Othomanicis armis
patria pulsi in Italiam confugerunt, nobilissimus
atque doctissimus fuit »[23] ; et en effet la floraison

---

23. *Elogia doctorum virorum*, Antverpiae, J. Bellerum, 1557, p. 68.

des études grecques en Italie et en France lui dut énormément : il résida d'abord à la cour de Laurent le Magnifique, puis à Paris, où il enseigna le grec ; Louis XII l'envoya ensuite comme ambassadeur à Venise. Léon X l'appela à la direction du Gymnase grec. En 1518 il quitta Rome et retourna en France : François 1er le chargea de l'organisation de la bibliothèque de Fontainebleau, puis en fit son ambassadeur à Venise. En somme, ce fut un grand personnage. Dans le dialogue, pourtant, il n'a qu'un petit rôle, même si personne peut-être ne pouvait mieux que lui défendre l'étude du grec : il a pour seule fonction de provoquer les interventions de Petit-Pierre, qui amène la discussion directement sur la langue en soi, soutenant – comme le Courtisan – que la langue est un simple instrument de communication ; lui, toutefois, ne s'intéresse qu'à la communication de la pensée, qui est au demeurant le seul sujet que lui imposent les demandes de Lascaris. De ce point de vue, les langues sont toutes égales et chacun peut exposer ses conceptions dans sa langue maternelle. La philosophie peut être chez soi dans n'importe quelle langue, et pas seulement dans la langue grecque. Il utilise Aristote en traduction latine ; s'il pouvait, il le lirait en langue vulgaire. Il souhaite que toutes les œuvres philosophiques soient traduites. Cependant, il n'y a pas chez lui le souci de diffuser la culture dans un cercle plus large de lecteurs, mais le désir de ne pas gaspiller les années les meilleures et les plus fécondes de la vie à étudier les langues, pour parvenir finalement à penser avec sa propre tête quand il est désormais trop tard. Ce serait là la cause principale du manque de philosophes dans le monde moderne. La gloire

littéraire n'a pour lui pas d'importance ; il considère que l'homme se distingue des autres êtres animés parce qu'il pense. La décadence de l'époque moderne n'est pas due au déclin de l'éloquence, mais au fait que « l'on étudie non pour être, mais pour paraître savant » (p. 41).

Bembo et Bonamico, au contraire, faisaient leur le *topos* humaniste fort répandu, repris au début des *Proses sur la langue vulgaire* (I, i), selon lequel « les hommes sont différents des autres animaux surtout en ce qu'ils parlent ». Speroni était bien sûr du même avis que Pomponazzi. Les mots, explique-t-il, « sont comme des signes et figures de l'intellect, qui semblablement est comme un miroir des choses mortelles dont il nous rapporte les aspects » ; aussi « chaque fois que nous parlons grec ou latin sans le moindre jugement à exprimer, de tels discours ne sont en fait que pures folies ». Ce n'est pas le langage, mais la raison qui distingue l'homme des animaux : « tout ce qu'il y a ou il y a eu, dans tous les langages, de beaux mots fleuris ne suffit pas à nous rendre différents des autres animaux ; beaucoup desquels sont aptes à les prononcer de telle manière que leur langue semble émettre des sons ayant je ne sais quoi d'humain, plutôt que de bestial ». Speroni insiste sur la gravité de l'erreur que commettent ceux qui, « abandonnant la connaissance des choses, s'en vont perdant leur vie à courir après les langues, apprenant non par quelles raisons se dévoile la vérité, mais par quel vocable un écrivain grec ou latin désignait quelque chose de son temps » (S., II, p. 487-88). La langue n'est que l'instrument utilisé par l'intellect « pour mettre au monde les conceptions qu'il a reçues » (S., II, p. 488). Une langue, donc, en vaut

une autre. Les humanistes, parce qu' « ils ont l'intellect trop tendre et délicat », négligent la substance, trop ardue pour eux, et étudient l'instrument, qui n'a en soi aucune valeur. Ils sont en effet habitués à

> lire et étudier la logique d'Aristote de la même manière qu'ils lisent les épîtres de Cicéron ou les discours de Démosthène. Laissant de côté les choses qu'il a écrites et dont il a traité, tel peut-être un repas trop lourd à digérer, ils s'accrochent aux mots, considérant avec quelle élégance il conjugue ensemble les noms et les verbes de sa langue ; comment on pourrait convenablement traiter en latin de cette même matière, dans quel style, avec quels ornements, comment le faire avec propriété ; comment est par lui développée en des termes ne différant pas de l'usage commun quelque pensée étrange et embrouillée ; quel charme ont ses digressions, quand, s'éloignant de son propos initial, il va passant en revue les opinions d'autrui, riant et raillant leur archaïsme. Aussi, de tous ses livres, n'en liraient-ils pas pour tout l'or du monde une seule ligne qui ne fût en grec, réputant barbare quiconque ose en parler dans un autre idiome : opinion dont, comme d'une vaine et superstitieuse hérésie, dans quelque science que vous vous engagiez, si vous m'écoutez, vous vous garderez à jamais comme du feu (S., II, p. 492-3).

Dans ces lignes se trouve condensée une censure de l'humanisme philologique et formaliste du XVIe siècle que Speroni répète sans cesse et qui, comme on l'a vu, vise également Bembo. *Humanistes*, selon lui, sont

> ces excellents lettrés qui apprécient les mots en prose ou en vers des deux fameux idiomes à un point tel que, de la rhétorique et de la poésie, qui sont comme chacun sait des arts nobles, ils ne font que grammaire, les soustrayant – et pas seulement elles, mais avec elles les

sciences – à l'intellect pour les réduire à la langue, d'où il résulte qu'ils qualifient barbarement de barbare la philosophie qui ne s'exprime pas en latin (S., II, p. 200).

À des latinistes et hellénistes moins autorisés que Bembo et Bonamico, Speroni n'accordait pas de circonstances atténuantes. Il croyait qu'ils condamnaient la langue vulgaire non point pour des raisons élevées et nobles, mais pour perpétuer leur pouvoir culturel, dissimulant sous la splendeur des langues classiques la vanité de leur enseignement.

> Moi, véritablement – écrivait-il dans son second discours *De la manière d'étudier [Del modo di studiare]* –, chaque fois que je parle ou écris en langue vulgaire sur quelque sujet éloigné du vulgaire [...], il me semble, je ne sais comment, venger la république des lettres d'avoir été si longtemps opprimée par quelques puissants ; lesquels, riches seulement de mots grecs et latins, ont usurpé par la force le domaine des sciences (S., II, p. 504-5).

À qui, comme le philosophe contemplatif, étudie seulement pour savoir, « il suffit d'en parler avec les mots de sa patrie, quelle qu'elle soit, de même que toute fourrure est bonne pour réchauffer qui a froid, pourvu qu'elle le protège de l'hiver ». En latin ou en grec s'exprime qui étudie « non pour savoir, mais pour avoir l'air de savoir » et utilise la science ou pour chercher la gloire, « ou avec le dessein de s'en constituer un magasin dans quelque Université, et là de la vendre à l'année ou au mois » :

> Peut-être *duris urgens in rebus egestas* l'y force-t-elle ; peut-être est-ce l'usage qui l'y persuade ; l'usage du monde étant d'appeler docte non point qui a une parfaite connaissance des causes des choses élevées et merveil-

leuses, mais qui en parle en grec ou en latin sans les
connaître, mais simplement parce qu'il sait les lire :
pratique que nous conseillons de suivre avec zèle à
quiconque veut vendre cher ses denrées au vulgaire (S.,
II, p. 198-9).[24]

★ ★ ★

Mais revenons-en au *Dialogue des langues*.
Personne ne conteste les opinions de Petit-Pierre.
Le Courtisan tente de les plier à son avantage.
Bonamico ne les loue ni ne les blâme ; Bembo n'est
pas du tout embarrassé de les faire siennes, parce
qu'il en comprend bien les limites : « à ce moment-
là, me semble-t-il, Petit-Pierre discutait des langues
dans leur rapport à la philosophie et autres sciences
semblables ». Son opinion ne peut donc être étendue
à la discussion précédente où on avait traité de poésie
et de rhétorique « sans rien dire des doctrines »
(p. 45). Les répliques de Bonamico et de Bembo, qui
concluent le dialogue, ramènent au sujet débattu avant
que l'Écolier ne rapporte la conversation entre Petit-
Pierre et Lascaris, mettant légitimement un frein aux
intempérances du Courtisan, qui ne se rend pas bien
compte de la différence entre langue instrument de
communication et langue de l'art. Le *Dialogue des
langues* résout en effet nettement le problème de la

---

24. On pourrait multiplier les citations. Voir F. BRUNI, *S. Speroni e
l'Accademia degli Infiammati*, cit., essai fondamental où l'attitude anti-
humaniste de Speroni est amplement analysée et mise en rapport avec
l'humanisme du XVIᵉ siècle. La démarche dialectique de Speroni dans
ses écrits exige toutefois de nombreuses citations, car seul le repérage
des points où elles se recoupent et se confirment réciproquement peut
conduire à la certitude raisonnable de nous trouver en présence, sinon
de convictions, du moins d'opinions bien ancrées en Speroni.

langue scientifique, d'une façon qui – comme nous l'avons vu – coïncide avec les opinions de l'auteur, mais laisse en suspens celui de la langue d'art, qui est approfondi dans le *Dialogue de la rhétorique*.

En somme, comme l'a écrit Jean-Louis Fournel, le *Dialogue des langues* n'apporte pas une solution au problème des langues, mais « offre au lecteur trois défenses possibles de la langue vulgaire qui se complètent, mais ne sont pas nécessairement compatibles entre elles. Elles correspondent à la langue de la littérature, à la langue de la conversation et à la langue de la philosophie ».[25] Les interlocuteurs ont dégrossi les problèmes, mais celui de la littérature (tout comme celui de la conversation mondaine) reste ouvert, même s'il en a été parlé longuement.[26]

III – UNE IDÉE DE LA LITTÉRATURE

On trouve dans les écrits de Speroni de nombreux passages où il semble regretter d'avoir dû interrompre ses études spéculatives. Dans la dédicace du *Dialogue de la vie active et de la vie contemplative*, par exemple, il explique à Daniele Barbaro qu'il a pris « le sentier des discours probables et persuasifs », qui lui permettent de parvenir « à grand-peine au vraisemblable de quelques chétives opinions », parce qu'il

25. FOURNEL, *Les Dialogues de Sperone Speroni*, cit., p. 128.
26. Quelques années plus tard, les *Ragionamenti della lingua toscana* (1546) de Bernardino Tomitano allaient fournir des matériaux plus amples et mieux déchiffrables que le *Dialogo delle lingue*, que son allure authentiquement dialectique a longtemps fait juger ambigu. Tomitano, toutefois, durcit en même temps qu'il la dilue la leçon de Speroni, qu'il faut au contraire s'efforcer de compléter à l'aide du *Dialogo della retorica* et des autres écrits de ce dernier.

a « perdu la route des raisons démonstratives, qui mène directement à la demeure des sciences » et reste « néanmoins désireux de parvenir à la vérité ». Donc, poursuit-il, « ce n'est pas sans raison que mes écrits (car, rêvant à mes premières études, pour me consoler, je me mets parfois à écrire de quelque chose) sont tous des dialogues ; où, sans voir la cible [...], tel Aceste, je confie mes flèches aux nuages » (S., II, p. 2-3). Les dialogues ne seraient donc qu'un expédient pour ne pas pourrir dans l'oisiveté après que la mort de son père, le mariage, l'administration de son patrimoine familial, les charges publiques l'on empêché de s'adonner aux études philosophiques. La littérature n'aurait été pour lui rien d'autre qu'une distraction et même, après son mariage, un faible succédané de la recherche philosophique.

Toutes ces déclarations concordantes ne devraient pas laisser place au doute. Et pourtant il y a quelque chose qui ne convainc pas. Cette image de Speroni s'accorde mal avec ses écrits, qui ne sont pas les écrits d'un philosophe, non plus que ceux d'un lettré pour qui la sagesse compte plus que l'éloquence. Et puis il semble étrange que pendant plus de cinquante ans il ait suppléé à la philosophie par la rhétorique, se contentant du vraisemblable et de l'opinion, alors qu'au contraire il aurait voulu spéculer sur les vérités absolues. Ses obligations de *pater familias* étaient certainement pressantes et il les affronta avec beaucoup de sérieux ; mais étaient-elles vraiment de nature à lui interdire, s'il l'avait réellement voulu, la possibilité de philosopher ? Il y a lieu de soupçonner que son option pour le dialogue en langue vulgaire ne lui ait pas été dictée par une force

majeure, mais au contraire par un dessein précis, par la conscience que précisément de cette façon il pourrait être le maître d'une littérature nouvelle, et que donc il forçait quelque peu le sens de ses vicissitudes existentielles et aimait poser au philosophe, même s'il n'était pas et ne voulait pas être un philosophe, du moins à la manière aristotélicienne. Les problèmes de la philosophie le passionnaient beaucoup moins qu'il ne voulait le laisser entendre. Pour un élève de Pomponazzi il ne pouvait y avoir de question plus importante que celle de l'immortalité de l'âme. Le *De immortalitate animae* avait rendu célèbre le philosophe mantouan et un de ses élèves, Gasparo Contarini, avait répliqué à ses argumentations, tout en gardant une très haute admiration pour le maître.[27] Eh bien, dans le *Dialogue de la vie active et de la vie contemplative* Contarini est sur le point d'entamer la discussion sur l'immortalité de l'âme, quand Gian Francesco Valerio demande qu'avant de « disputer de ce qu'il en est de notre âme après la mort du corps », on parle « de la vie de l'homme, pendant qu'il vit », « considérant selon probabilité, c'est-à-dire de façon que je puisse comprendre les raisons que l'on avancera, à laquelle des deux vies, la civile, qui traite

27. Speroni raconte dans un fragment de lettre que c'est précisément Contarini qui lui avait inspiré le désir de suivre l'enseignement de Pomponazzi : « s'entretenant, à son ordinaire, familièrement avec ses amis, il avait coutume de parler beaucoup de Petit-Pierre de Mantoue ; et il exaltait si fort sa science que, bien que j'eusse enseigné publiquement la logique à Padoue l'année précédente et que je fusse invité à y enseigner l'année suivante la philosophie naturelle, je pris la décision d'aller à Bologne me faire son disciple. Je restai là jusqu'à sa mort et constatai que les louanges que lui décernait votre oncle le cardinal, et qu'avant de le connaître j'écoutai avec étonnement, étaient entièrement fondées » (SPERONI, *Lettere familiari*, cit., II, p. 259).

de nos actions humaines, ou la philosophique, qui contemple la cause des choses, l'homme doit s'attacher » (S., II, p. 9). La première question est donc renvoyée à un des jours suivants. Mais quand dans la demeure de Contarini le cardinal Ercole Gonzaga, Luigi Priuli et Bernardo Navagero se mettent à discuter « entre eux de notre immortalité », Antonio Brocardo convainc facilement Valerio et Marcantonio Soranzo de déserter ces « doctes disputes », « vu – dit-il – que la question débattue s'accorde mal à nos études ». Les questions spéculatives, donc, même les plus débattues et les plus passionnantes, ne conviennent qu'aux philosophes, qui en traitent d'une manière incompréhensible non seulement pour le peuple, mais pour les autres intellectuels. La vie contemplative et la vie civile ne vont pas ensemble ; il y a une séparation nette entre la première, qui est le propre de peu de gens, et la seconde, qui est « notre humaine profession ». « J'appelle vie civile – précise Marcantonio Soranzo – non seulement avoir de bonnes mœurs et agir selon la morale, mais bien parler en faveur des possessions, des personnes et de l'honneur des mortels ; vertu qui, d'aventure, n'est pas moins belle en soi, ou moins utile à l'humanité, que la prudence et la justice ; mais pour nous plus difficile à apprendre et à pratiquer que toute autre chose » (T., p. 639). L'opposition entre vie contemplative et vie civile se résout donc en l'opposition entre la philosophie et la rhétorique, qui « constitue une bonne partie de notre vie civile, sans laquelle toute vertu reste sans voix » (T., p. 640). Bien parler en faveur des possessions, des personnes et de l'honneur, d'autre part, n'était pas – à la différence de la philosophie – un patrimoine héréditaire de

vérités à conserver, mais un champ stimulant pour de nouvelles expériences, un champ où l'« invention » et les « conceptions » de l'individu pouvaient se mettre pleinement en valeur. La préférence accordée à la vie civile explique également, me semble-t-il, le choix résolu de la langue vulgaire. La langue latine pouvait procurer une réputation européenne, mais elle n'était d'aucune utilité pour la vie civile. Dans la dédicace du *Dialogue de la vie active et de la vie contemplative,* Speroni écrivait par exemple :

> Que qui me veut du bien ne me conseille pas d'écrire en latin : car je veux parler comme parle un homme d'aujourd'hui au bénéfice de ma patrie, sans être qualifié de grand homme, plutôt que, sans être utile à personne, passant pour être un bon cicéronien, d'enjoliver mes feuillets avec les couleurs et l'élégance des mots latins » (S., II, p. 4).

Il peut sembler que Speroni se fonde sur des considérations d'utilité pratique pour subvertir la hiérarchie des valeurs qui place nettement au premier rang la raison et la spéculation philosophique. Mais il n'en va pas ainsi. La rhétorique, selon lui, est différente et distincte de la philosophie, mais non inférieure ; aussi, tandis qu'il restitue aux sciences un espace où la raison règne en souveraine dans la recherche gratuite du vrai, de façon exactement symétrique il indique à l'extrême opposé un espace où c'est la rhétorique qui agit librement, sans se soucier du vrai et de l'utile. Cette conception me semble clairement exprimée dans le *Dialogue de la rhétorique,* dont le but est la caractérisation d'un art de dire qui constitue une fin en soi, comme la

philosophie pure. Les interlocuteurs du dialogue entendent non pas se livrer à une nouvelle réflexion sur la rhétorique, mais rechercher une rhétorique différente, adaptée à la langue et à l'époque modernes. Pour résoudre le problème, ils cherchent l'essence de la rhétorique. Ils se demandent, par exemple, si l'orateur persuade d'une manière « plus appropriée à son art, et à son plus grand éloge » en divertissant, en enseignant ou en émouvant (T., p. 640). Brocardo, aussitôt, « sans plus y réfléchir », répond que selon lui le divertissement est « la vertu du discours, d'où le discours tire la beauté et la force pour persuader qui l'écoute » (T., p. 641). Il condamne l'intention d'émouvoir et celle d'enseigner d'une façon encore un peu sommaire, mais il fournit plus que le début de la solution en considérant comme un bon orateur celui qui

> tâche et fait en sorte de s'accorder, non point avec la cause dont il traite, comme le font les philosophes, mais avec la volonté, avec l'inclination et avec le plaisir de ses auditeurs, les séduisant de telle sorte que, là où il émeut et enseigne, son discours leur apporte autant de joie que nous le lui voyons faire pendant qu'il l'orne pour divertir (T., p. 642).

L'orateur « avec le style de sa parole » « nous dépeint la vérité » ; mais la vérité à laquelle il vise n'est pas celle qui est « l'objet propre aux personnes spéculatives » et qui s'apprend « au bout d'un certain temps, à grand-peine, avec beaucoup de travail », « dans les écoles et en conversant parmi les philosophes » : « pour être un bon orateur en toute matière, il suffit de connaître un certain je ne sais quoi de la vérité, qui en permanence se trouve devant

nous, s'agissant d'une chose que Dieu a voulu dès le début imprimer dans nos esprits naturellement désireux de la connaître » (T., p. 643). La très vaste culture que Cicéron et l'humanisme en général demandaient à l'orateur n'est pas nécessaire. Celui-ci non seulement n'est pas, comme ils le prétendaient, « un puits de toutes les sciences », mais « il ne sait rien », spéculativement parlant (T., p. 643). L'enseignement est une voie vers la vérité ; et donc « à proprement parler ce n'est pas un travail pour l'orateur, mais plutôt pour les doctrines spéculatives, qui sont des sciences non pas de mots, mais de choses en partie divines, en partie produites par la nature » (T., p. 643-4). Le plaisir produit par un discours émouvant est de qualité inférieure : il présuppose un sentiment semblable à celui que l'on veut susciter et n'est que de brève durée ; il est « comme un rire né en nous non d'une joie véritable mais d'un chatouillement qui, s'il se poursuit, pour finir se mue en souffrance et en spasme » (T., p. 646).

En éliminant, ou en tout cas en réduisant au minimum les fonctions cognitive et morale, afin que l'on ne croie pas que « la bonne rhétorique, reine de tous les arts, est une bouffonnerie à faire rire le monde » (T., p.648), Brocardo distingue les arts plaisants des arts utiles ou mécaniques. Les arts plaisants sont ceux qui délectent l'esprit ou les sens. Les musiciens et les peintres, en tant qu'ils délectent les sens, se retrouvent là en compagnie des parfumeurs, des cuisiniers et des étuveurs, de sorte que « les arts qui délectent l'intellect » ne sont que deux, la rhétorique et la poésie. Les mots, toutefois, ne forment un discours que s'ils sont pourvus de

nombre : « sans lequel nombre le discours n'est pas du discours, et avec lequel nombre tout propos en langue vulgaire et sans érudition peut avoir nom discours ». L'élocution, cela étant, est sans aucun doute la première des cinq parties de l'éloquence, « son cœur presque, et si je l'appelais son âme, je ne croirais pas mentir » (T., p. 649). Si l'invention et la disposition sont « plutôt l'œuvre d'hommes prudents et avisés que d'éloquents orateurs, la place des mots à elle seule est tout l'art oratoire : d'où la vanité du problème du divertir, de l'émouvoir et de l'enseigner » (T., p. 650). À Brocardo ne reste plus qu'à prendre en examen les trois styles de l'éloquence, et il le fait en associant « la cause judiciaire, dont le propre est la gravité du style, à la faculté d'émouvoir et à l'invention ; la cause délibérative, avec son style bas et minutieux, à la disposition et à l'enseignement ; pour finir, il juge que la cause démonstrative, médiocrement traitée, correspond directement à l'élocution ». Le cercle ainsi se referme : la fonction de divertir du discours passe avant celle d'émouvoir et celle d'enseigner ; « des parties du discours, l'élocution est la première et la cause démonstrative est la plus noble et elle est plus que les deux autres susceptible d'ornement ; des styles, enfin, le plus parfait et le meilleur est le médiocre » (T., p. 653).

La conclusion peut paraître surprenante, mais, aux objections de Valerio, Brocardo réplique que « la cause démonstrative est la plus honorable, la plus parfaite, la plus difficile et en fin de compte la plus oratoire, plus que les deux autres » (T., p. 655). Dans les causes délibératives et judiciaires, « la nature de l'orateur et de la matière agit beaucoup plus que

l'art oratoire ; dans la cause démonstrative, au contraire, le discours n'est pas moins beau à lire qu'à déclamer » (T., p. 656). Au sénat et au tribunal, « où les défauts de leur art sont facilement compensés par le sujet dont ils parlent, nous écoutons volontiers les orateurs médiocres ; mais les discours démonstratifs (tout comme les poèmes), s'ils ne sont pas parfaits, il n'est personne qui daigne ni les écouter ni les voir » (T., p. 659). Dans la cause démonstrative, « non nécessaire à notre vie, les mots et les choses ainsi que leur ordre et leur place sont pur artifice » (T., p. 658) ; la vertu oratoire y opère à l'état pur, en toute autonomie. Les causes sénatoriale et judiciaire sont peut-être plus nécessaires, mais cela ne fait que confirmer la suprématie de la cause démonstrative : « toujours, dans les actions humaines, l'artifice est plus grand là où le besoin est moindre » (T., p. 657).

Il ne reste plus qu'à tracer le portrait du nouvel orateur :

> Soit, en ce monde, un homme bon, plein d'éloquence et de talent, lequel, ayant quitté sa patrie, seul et nu (tel un nouveau Bias) s'en viendrait résider à Bologne : que fera-t-il de son art ? S'il accuse ou défend, voilà un vil avocat qui vend ses paroles au vulgaire ; s'il délibère, n'étant pas citoyen de la république, ses conseils ne sont pas entendus. Va-t-il se taire et mener une vie oisive ? Non, certes ; au contraire, par sa plume il exercera continuellement son éloquence dans la cause démonstrative, blâmant et louant ; ce que faisant non par haine ou pour en tirer récompense mais pour dire le vrai, il sera en peu de temps craint et estimé non seulement de ses pairs, mais des seigneurs et des rois (T., p. 658-9).

Le portrait est tout à fait transparent ; mais plus encore que la juste reconnaissance témoignée à l'Arétin, il importe de relever dans ces lignes la perception précise des limites que la réalité historique impose à l'art oratoire du XVIᵉ siècle : le parfait orateur est pleinement adapté aux exigences du temps, même si Brocardo l'a dessiné, au moins en apparence, avec une logique rigoureuse et un grand sens de l'ordre et de la symétrie. Au philosophe, dont l'apanage est la vérité pure, s'oppose le rhéteur dont l'apanage est le pur artifice ; à une pensée qui par accident seulement a besoin de la parole pour se manifester, correspond une élocution indifférente au savoir. Philosophe et rhéteur, toutefois, présentent des affinités en tant qu'ils sont totalement désintéressés et agissent sans conditionnements extérieurs. Brocardo a dessiné une rhétorique qui, étant une fin en soi, ne vise à émouvoir ou persuader personne de quelque chose qui lui est étranger, mais seulement à convaincre de la validité de ses artifices et de la cohérence de sa création verbale. À cette rhétorique, qui n'est plus celle d'Aristote et de Cicéron, Giancarlo Mazzacurati a donné, et certainement à juste titre, un nom : la littérature.[28]

On en revient pour finir à la comparaison entre la philosophie et la rhétorique. La première est le domaine d'un petit nombre ; le vulgaire, au contraire, se nourrit de discours et de vers : « ne

---

28. Cf. G. Mazzacurati, *La fondazione della letteratura*, in *Il Rinascimento dei moderni*, Bologna, Il Mulino, 1985, p. 237-59. Cet essai d'une grande densité contient des considérations pénétrantes sur la signification historique de la conception développée par Speroni dans le *Dialogo della retorica*.

possédant pas la vertu de digérer les sciences et les assimiler à son profit, il a accoutumé de se satisfaire de leurs fumets et de leurs semblances en écoutant les orateurs : et c'est ainsi qu'il vit et se sustente » (T., p. 678). Cette primauté d'ordre pratique, cependant, tend à devenir absolue, car Brocardo limite les possibilités de connaissance de l'homme et assimile presque la philosophie aux sciences naturelles. Ce sont « les opinions rhétoriques, variables et transmuables (comme le sont nos œuvres et nos lois) » et non les sciences démonstratives qui gouvernent les républiques (T., p. 678). Les lois ne peuvent que changer ; « toutefois il est bon que, avec une science non nécessaire mais raisonnable, non parfaite mais à elles parfaitement appropriée, l'orateur dont nous parlons ait soin de les conserver ». Le philosophe, « accoutumé à contempler la substance et les manières des brutes », n'est pas apte au gouvernement d'une cité ; il est à croire plutôt qu'« un tel homme, à l'image de son savoir, aille recherchant la solitude et, philosophant, s'y ensevelisse » (T., p. 679). En conclusion, « le bon art oratoire est plus utile à la république que quelque science que notre esprit puisse avec des raisons infaillibles acquérir des choses de la nature ». Dans le crescendo des argumentations conclusives de Brocardo, la rhétorique apparaît toujours plus comme le plus grand don que possède l'homme et la seule forme de connaissance qui lui soit permise. Le philosophe cherche une connaissance qui est le propre de Dieu ; l'orateur se contente d'être homme et pour cette raison s'intéresse et goûte aux choses humaines. À l'homme, qui est à « l'image et ressemblance de Dieu », peut suffire une science qui

soit « une noble peinture de la vérité elle-même » et délecte l'esprit. L'homme – est-il dit explicitement – doit se contenter de rechercher la vérité de la nature et de Dieu non en soi, ce qui est une chose impossible, « mais dans l'ombre de nos opinions, [...] dont, plus elles nous délectent, plus nous devons croire qu'elles sont semblables à la vérité, en laquelle réside le plaisir qui véritablement nous rend heureux » (T., p. 681).

Ce que pouvait répliquer Valerio aux argumentations de Brocardo, on ne peut le dire ; et que Speroni n'ait pas éprouvé le besoin de réécrire la partie malheureusement détruite n'a pas grande importance. Nous ne connaissons donc pas les objections qu'il pensait possible d'avancer contre les thèses de Brocardo, ni surtout jusqu'à quel point il les partageait. Mais à cette question apportent une réponse d'autres écrits de Speroni où l'on discute de rhétorique, par exemple dans un petit traité consacré au genre épidictique, ou plutôt à son apologie. Speroni sait bien que ce genre fut placé « au dernier rang des trois » par Cicéron, convaincu que l'orateur n'était pas digne de ce nom s'il ne suscitait pas d'émotions ; et que pour cette raison il tendait presque à exclure le genre épidictique de l'art oratoire. Mais Cicéron, selon Speroni, n'avait pas compris « en quoi consistait la valeur de ce genre » ; le prouve « le procès qu'il lui fait sur des bases archi-fausses, et qu'il ne conduit pas comme il pourrait et devrait le faire ». Il est en effet « plus oratoire, d'aventure, que ne l'est le genre judiciaire, et plus noble » (S., V, p. 546) ; et il est source de la louange, qui « est une chose naturellement précieuse et chère aux hommes ». À diverses

considérations tirées de l'histoire antique, Speroni
– plus péremptoirement encore qu'il ne l'avait fait
dans le *Dialogue de la rhétorique* – ajoute la
constatation qu'à son époque le genre épidictique
était le seul auquel pouvait s'essayer un orateur :
« Et voici que, des trois genres oratoires, deux sont
en fait venus à manquer, les genres judiciaire et
délibératif n'étant oratoirement utilisés qu'à Venise ;
alors que le genre démonstratif l'est dans toutes
les parties du monde, ou du moins de l'Europe,
comme on le voit dans les discours funèbres et dans
les congratulations adressées aux princes et aux
magistrats ». Et maintenant encore Speroni, à des
considérations qui pourraient amener à déplorer la
décadence de l'homme et de la société, préfère des
argumentations permettant de juger que le seul
genre praticable est celui qui est préférable en soi.
(S., V, p. 547). Il « peut, comme bon lui semble,
amplifier à tort ou à raison, pourvu qu'il persuade
et fasse croire aux autres qu'il dit la vérité ; ce qu'il
ne peut faire sans apporter de preuves ». Il y a donc
également une « amplification mensongère » qui,
malgré tout, était très chère à Cicéron aussi : « aussi
voulait-il être loué plus que de raison par Luceius,
en falsifiant l'histoire, qu'il appelle *lux veritatis* ».
Et cela n'est pas surprenant, parce que « l'amplification et exagération des propos est d'une
certaine façon naturelle ». De même qu'on taille
les habits et construit les maisons plus grands que
les hommes pour lesquels on les fait, de même
« fait-on plus grands que de besoin » les mots,
qui « sont les habits et les maisons où hébergent
nos noms et nos mémoires et nos conceptions »
(S., V, p. 547-8).

Speroni va encore plus loin dans cette voie. Parmi
ses petits traités sur des sujets divers – qui sont en
réalité des ébauches schématiques de dialogues –,
on trouve en effet un texte *Pour la défense des sophistes*
[*In difesa dei sofisti*], où l'on accuse Platon, « plus
grand sophiste qu'eux », d'avoir blâmé à tort les
sophistes. Le sophiste, selon Speroni, « est au sage
ce qu'est au fils le filleul : celui-ci n'est pas un vrai
fils, mais lui ressemble ; l'autre n'est pas un vrai
sage, mais lui ressemble et l'imite, comme un portrait
la réalité ». Le vrai sage connaît les choses

> par leurs causes vraies, essentielles, par démonstrations,
> et c'est un vrai contemplatif, qui veut les connaître en
> elles-mêmes sans se soucier d'autre honneur ou profit
> qui peut lui en découler ; il est solitaire et s'applique à
> embellir son intellect sans rien regarder d'autre. Il
> appréciera une fourmi plus que tout l'or du monde. Il
> appréciera la science plus que sa patrie, son père ou tout
> autre parent ; parce qu'il apprécie son intellect, par lequel
> il est homme et dans la perfection duquel consiste sa
> vraie félicité, plus que toute autre chose. Il est très
> semblable au parfait Chrétien, [auquel] le Seigneur dit
> « vende et da pauperibus ». Il aime plus lui-même que
> toute autre chose, parce qu'il sait ce qu'est l'amour et
> ce qu'il est vraiment lui-même [...]. Il est vertueux
> généralement et possède toutes les vertus, mais il n'en
> pratique aucune, parce qu'il ne se soucie point de ce
> qui est l'objet des vertus civiles, mais est prudent, juste,
> fort et tempéré d'une manière autre que civile ; voilà
> ce que j'affirme. Il se connaît vraiment lui-même, mais
> il n'observe aucunement l'autre maxime, *ne quid nimis*,
> car il est au contraire presque *nimis sapiens*.

Comme Brocardo dans le *Dialogue de la
rhétorique*, Speroni ne semble pas hésiter à préférer
la « médiocrité » du sophiste, qui vit dans la société,
à la béatitude abstraite du philosophe. Au contraire,

selon lui, tout ce que Platon dit du sophiste dans le dialogue auquel ce dernier donne son titre se trouvera « vrai du bon citoyen, ou mieux, de notre état et de notre vie » (S., V, p. 430). Le sophiste « sait bien enseigner notre vie civile, et la diversifier selon la diversité des républiques et montrer quel vice ou quelle vertu se trouve dans l'une, et quels dans une autre » (S., V, p. 431). Il n'y a en lui rien de ridicule, pourvu, naturellement, qu'il reste dans le domaine qui lui est propre et ne prétende pas révéler des vérités absolues.

Et à l'aide d'un argument que nous avons vu utiliser par Brocardo, Speroni observe que « le philosophe est inférieur au sophiste, parce que le philosophe, à la manière d'un jeune homme futile, aime une chose qu'il ne peut jamais obtenir, à savoir la sagesse, comme les Prétendants qui aimaient Pénélope » ; le sophiste au contraire « ne se met pas à aimer et désirer la sagesse, qu'il ne peut avoir, mais sans superbe aucune fréquente ses servantes et de la sagesse se contente d'acquérir le nom ». Dans notre « vie civile, laquelle est perfectionnement de notre imperfection sans jamais la rendre parfaite », il n'y a ni vraie bonté ni vraie perfection ; il peut seulement y avoir quelqu'un « qui nous enseigne à vivre imparfaitement de la sorte, car cela non plus nous ne le savons pas sans l'apprendre à grand-peine : et ce maître est le sophiste, semblable au médecin qui nous guérit, mais pour autant ne nous met à l'abri ni d'autres infirmités ni d'autres maladies, pas plus que de la mort » (S., V, p. 432).

Speroni, dans ses écrits, pousse jusqu'au bout sa défense de la sophistique. Il convient, bien sûr, d'examiner avec beaucoup de prudence les fragments

qu'il nous a laissés. Mais la dévalorisation de la vérité philosophique par rapport à l'opinion sophistique correspond bien à ce qu'on lit dans le *Dialogue de la rhétorique*. La connaissance sophistique est la seule possible ou la seule qui convienne à l'homme civil ; et pourtant, après son ultime floraison à Athènes au temps des descendants de Constantin, la sophistique a disparu « en même temps que les lettrés de toutes sortes et, ce qui est pire, que la dignité de l'empire latin et grec ; à ceci près que toutes les autres professions ont retrouvé leur nom et leur honneur, alors que le sophiste gît toujours au sol » (S., I, p. 380). Il faut donc restaurer également la sophistique ; et Speroni semble vouloir se présenter comme celui qui a été capable de la ressusciter, et si parfaitement que ses écrits ne se distinguent pas de ceux de la sophistique grecque. Dans son petit traité *Du genre démonstratif*, par exemple, il écrit :

> de même qu'il est facile de louer les Athéniens à Athènes, de même est-il facile à l'homme de louer les hommes ; mais louer d'autres choses en ce qu'elles sont utiles et bénéfiques au monde requiert quelques études, à tout le moins pour savoir de quelle utilité peut être une chose que les gens ne connaissent pas tous. Il sera donc plus difficile de louer Busiris, Hélène, la mouche, la fièvre quarte, l'usure et la discorde, que de louer les hommes de bien et les choses d'une utilité manifeste (S., V, p. 550).

L'usure et la discorde, on le sait, sont exaltées par Speroni lui-même dans deux de ses *Dialogues* de jeunesse, qu'il cite avec désinvolture en compagnie des écrits d'Isocrate, Gorgias, Lucien, Favorinus, comme s'ils appartenaient à une même catégorie ; ailleurs également il aime mêler ses

propres écrits à ceux de la sophistique nouvelle. Speroni place donc orgueilleusement ses deux dialogues de jeunesse parmi les modèles absolus et universellement connus du genre, un genre qui selon lui exalte les qualités les plus excellentes des écrivains. Il en résulte aussi, non sans quelque surprise, qu'il considère l'*Usure* et la *Discorde* comme les joyaux les plus admirables de ses dialogues de jeunesse, ceux où la vertu rhétorique opère dans toute sa pureté.

Speroni, en somme, refusant la commode mais improductive voie aristotélicienne, s'est complu sa vie durant à observer les étincelles de vérité qui jaillissent des contrastes d'opinions, mûrissant la conception d'une prose artistique qui, du pur artifice, fait naître non seulement le plaisir, mais la connaissance. Et il importe de souligner ce qu'a de séduisant cette pensée problématique, presque sceptique, qui s'opposait résolument aux tendances contemporaines visant au contraire à combler l'homme de certitudes. Speroni non seulement est loin de croire qu'il soit possible de distinguer de manière tranchée le bien du mal, le juste de l'injuste, mais semble franchement animé du besoin de montrer l'inconsistance de nombre de certitudes et de lieux communs. « Il n'est chose ici-bas – lui arriva-t-il d'écrire –, si mauvaise soit-elle, qui ne comporte en soi quelque bien ; aussi est-elle et mauvaise et louable, non point toutefois en tant que mauvaise, mais pour le bien qu'elle comporte ou qu'elle fait, parce que du mal naît parfois le bien. Le mauvais a donc quelque bonté, de même qu'il y a quelque mal dans le bon » (S., V, p. 432). C'est donc avec un esprit fortement anti-dogmatique qu'il

s'engagea dans la voie de la littérature, qui, mieux que la philosophie – pensait-il – sait saisir avec souplesse et exprimer avec des moyens adéquats ces lueurs de vérité qui seules sont permises à l'homme.

IV – LA FORTUNE DE SPERONI

La fortune de Speroni fut grande en Italie et en Europe. Pour ne citer que les faits les plus importants, en Italie il influença fortement la culture florentine et en particulier Giovan Batista Gelli, qui utilisa des idées et des images du *Dialogue des langues* dans ses *Caprices du tonnelier* [*Capricci di Giusto bottaio*].[29] Ses enseignements sont perceptibles chez tous ceux qui parvinrent à une considération instrumentale du langage, comme par exemple Vincenzio Borghini. Nombre de programmes de traduction furent influencés par les propos de Petit-Pierre, même si le plus souvent ils naquirent d'exigences différentes des siennes : à son souci d'une élaboration originale de la pensée se substitua le désir d'étendre la culture à des couches qui jusque-là en avaient été exclues pour des raisons linguistiques. S'ajoutait à cela le poids des exigences d'une industrie éditoriale florissante, désireuse de s'adresser au marché plus vaste des lecteurs ignorant le latin. Qu'il suffise de penser au programme de traductions d'Alessandro Piccolomini[30] et au travail

29. Cf. F. BRUNI, *Sistemi critici*, cit., p. 35-42 ; E. BONORA, *Dallo Speroni al Gelli*, cit.

30. Cf. M. CELSE-BLANC, *A. Piccolomini disciple d'Aristote ou les détours de la réécriture*, in (collectif) *Scritture di scritture. Testi, generi, modelli nel Rinascimento*, a cura di G. MAZZACURATI e M. PLAISANCE, Roma, Bulzoni, 1987, p. 109-45.

infatigable de vulgarisation accompli par Gian
Batista Gelli non seulement dans ses traductions
proprement dites, mais également dans les *Caprices
du tonnelier*, où on lit des pages véhémentes contre
ceux qui utilisent le latin, accusés de le faire dans
leur propre intérêt, ainsi que dans sa *Circé*. La
pratique des traductions fit évidemment apparaître
les limites des propos de Pomponazzi, qui ne semble
même pas s'apercevoir des mille problèmes de la
traduction et apparaît trop confiant dans la
possibilité de rendre d'une façon identique les
concepts dans des langues différentes. Le programme organique visant à traduire les sciences
en langue vulgaire, toutefois, échoua surtout à cause
du changement de la situation culturelle : par
manque de compétence philologique aussi, les
traductions devinrent avant tout des vulgarisations,
incapables donc de se substituer aux originaux, en
même temps que la Contre-Réforme donnait un
nouvel élan à l'étude des langues classiques. Il y avait
eu aussi, au demeurant, une part d'illusion. Sans
une forte simplification les textes « scientifiques »,
même traduits, restaient peu compréhensibles pour
les profanes et ceux qui les comprenaient étaient en
mesure de les lire dans leurs langues d'origine. En
réalité, c'étaient là les limites non du propos de
Pomponazzi, mais précisément d'un usage
vulgarisateur des traductions, qui selon lui auraient
dû s'adresser aux savants. Naturellement, la tentative
de gagner de nouvelles couches de public à la lecture
des textes scientifiques n'en restait pas moins
louable. Le plus fidèle au programme padouan fut
Piccolomini, qui préconisa les vulgarisations pour
le renouvellement de la philosophie et se rendit

compte qu'avec la langue vulgaire on ne pouvait gagner que des lecteurs des classes supérieures.[31]

La fortune des *Dialogues* fut particulièrement grande en France. Alors que le petit ouvrage n'était pas encore traduit en français, Joachim Du Bellay se servit sans hésitation du *Dialogue des langues* dans la *Deffence et illustration de la langue françoise* (Paris, Arnoul l'Angelier, 1549) : nous avons dans les notes amplement rendu compte des nombreux emprunts qu'il y fit, en nous servant de l'édition critique établie par H. Chamard (Paris, Société des Textes Français Modernes, 1948 ; nouvelle édition, ibid., 1997, précédée d'une introduction de Jean Vignes et d'une bibliographie mise à jour). Très vite, en revanche, avait été publiée la traduction de deux dialogues : *De la cure familière avec aucuns préceptes de mariage, extraictz de Plutarque ; aussi un Dialogue de la dignité des femmes, traduict des Dialogues de Messire Speron italien*, « à Lyon, par Jean de Tournes », 1546.

Du Bellay fait preuve de beaucoup de finesse dans sa façon de s'approprier ce qui peut lui servir. Les passages, souvent traduits à la lettre, se trouvent dans les chapitres I, III, IX, X et XI du Livre I et le chapitre III du Livre II. À la rigueur, selon notre façon de voir actuelle, on pourrait parler de plagiat, et peut-être Speroni lui-même s'en serait il offensé si en lui ne l'avait emporté le plaisir d'avoir été imité en France. Cela n'avait, par ailleurs, rien de scandaleux. Beaucoup en avaient fait autant et en avaient été loués. Cicéron avait plusieurs fois défendu le latin contre la prétendue suprématie du grec ; Dante dans son *Banquet* [*Convivio*], puis beaucoup d'autres

---

31. Cf. à ce propos F. BRUNI, *Sistemi critici*, cit.

s'étaient servis des arguments de Cicéron contre le latin en faveur de la langue vulgaire italienne. Maintenant Du Bellay se servait des arguments de Speroni contre le latin en faveur de la langue française.[32] Il y a plutôt lieu d'observer, avec Fournel, que la façon dont Du Bellay utilise le *Dialogue* est discutable au plan théorique : « sous la plume de ce dernier, le dialogue devient une suite banalisée de discours, sans que l'auteur prenne garde à la spécificité de l'auteur fictif de chacun d'eux – Lazzaro Bonamico, Bembo, Peretto ou "le Courtisan" – ou considère leur place dans le texte ».[33] Il ne distingue pas, comme la plupart n'ont pas distingué, les trois défenses qui se succèdent dans le dialogue. La situation française, toutefois, était différente de la situation italienne. Du Bellay devait démontrer la légitimité et l'autonomie du français vis-à-vis du latin et aussi de l'italien, qui pouvait prétendre (comme cela advenait en partie) être une nouvelle langue universelle de la communication littéraire. La France n'avait pas encore eu d'œuvre comparable aux *Proses sur la langue vulgaire*, qui avaient liquidé avec vigueur toute une série de problèmes, de la nature grammaticale de la langue vulgaire à son aptitude à exprimer la grande poésie, de ses origines à ses rapports avec le latin et les autres langues romanes. Pour Du Bellay tout argument, de quelque provenance qu'il fût, était utile s'il pouvait servir la cause de la poésie française. Il

---

32. Pour les différents aspects de la réécriture au XVIᵉ siècle, cf. M. Pozzi, *Dall'imitazione al « furto » : la riscrittura nella trattatistica e la trattatistica della riscrittura*, in *Lingua, cultura, società. Saggi sulla letteratura italiana del Cinquecento*, Alessandria, Edizioni dell'Orso, 1989, p. 41-56.

33. Fournel, *Les dialogues*, cit., p. 310.

défendait sa langue nationale contre tous ceux qui – comme Bonamico – la condamnaient, la considérant appropriée uniquement aux usages serviles ; il affirmait que les langues ne sont pas nées les unes faibles et les autres robustes, aptes à porter le poids des conceptions des hommes. Si le français était plus pauvre que les langues antiques, ce n'était pas en raison d'une infirmité naturelle, mais de la négligence et du dédain. En comparaison de ce qui adviendra avec Henri Estienne et se trouve déjà *in nuce* chez Gruget, Du Bellay ne pousse pas le patriotisme au-delà de la conception qu'en a Speroni : il ne considère pas que le français ait toutes les vertus et donc soit supérieur à toutes les autres langues ; il lui suffit de soutenir que toutes les langues se valent : les plus célèbres ne sont supérieures que grâce à l'exercice assidu dont elles ont fait l'objet et aux ornements dont elles ont été dotées. Il faut, donc, non seulement utiliser le français mais l'illustrer, l'enrichir ; et Du Bellay fournit pour cela une riche série de préceptes : chose que Speroni n'avait pas eu à faire car, après Bembo et grâce à Pétrarque, personne ne jugeait plus que le toscan manquât d'harmonie, de variété de mètres, ni de rythme. Si nécessaire, on peut également, selon Du Bellay, puiser dans les œuvres des autres : sans l'imitation des Grecs et des Romains (et des Italiens), il est impossible de donner au français l'excellence et l'éclat des langues les plus fameuses. Mais on doit éviter la forme la plus grossière de l'emprunt à d'autres langues, la traduction, parce que traduire c'est trahir. Du Bellay propose une révolution dans les genres et les mètres : des rondeaux, des ballades, des chants royaux à l'épigramme, à l'ode, au sonnet,

aux grands genres de la tragédie, de la comédie, de l'épopée. Il sait qu'une telle entreprise demande beaucoup d'efforts et de dévouement, et il le dit avec les mots qui avaient déjà été ceux de Bembo. Ne puisant pas seulement chez Speroni, il est donc assez fidèle à son parti pris d'emprunter ce qui lui est utile jusque chez les étrangers. Et comme il est de tradition, ces concepts de provenance étrangère sont utilisés en tant qu'éléments d'un système cohérent au service d'une défense résolue de sa propre langue et de sa propre culture.

En 1551 sortit la traduction française de Claude Gruget (*Les Dialogues de Messire S. Speroné Italien*, Paris, par E. Groulleau),[34] qui explique au moins en partie les raisons d'un si grand intérêt : la pensée de Speroni était chaleureusement accueillie parce qu'elle pouvait être utilisée pour montrer la supériorité du français sur le toscan. La dédicace de Gruget « À Monseigneur, Monsieur de Maupas » tourne en effet toute autour du problème de la traduction et en particulier de la traduction de l'italien.[35] Il était un tenant acharné de la supériorité du français sur l'italien. Aussi, présentant une traduction de l'italien, se sentait-il embarrassé ou tout au moins voulait-il ne pas être mal compris. Cependant, s'il y avait des gens qui soutenaient que les traductions pouvaient améliorer la langue française, d'autres, comme Du Bellay, le niaient.

34. Gruget, dans son préambule, déclare en avoir traduit huit et avoir repris les traductions publiées à Lyon en 1546. Sur sa traduction, voir la Préface de Pierre Martin à son édition du *Dialogue traittant d'amour et jalousie* (titre donné par Gruget à sa traduction du *Dialogo d'amore*) avec le texte de l'*editio princeps* en regard (Poitiers, La Licorne, 1998).

35. Texte de la dédicace dans T., p. 1181-82, et dans l'Annexe 1 à l'édition cit. de la traduction du *Dialogo d'amore*, p. 210-12.

Gruget, lui – nous faisant toucher du doigt l'ardeur des discussions d'alors – se place résolument sur la défensive. Il craint

> qu'aucuns de ma congnoissance, m'ayans autrefois veu soustenir nostre langue vulgaire estre du tout superieure à la Tuscane, ne prennent maintenant argument pour calomnier mes raisons : pource (diront ilz) que ie contreviens à moy-mesme, voulant enrichir et decorer nostre langue des œuvres et inventions d'autruy, comme si elle estoit si povre et desnuée de ses fleurs et couleurs, qu'elle eust besoing d'en emprunter des estrangers. Et qu'en cela elle ressemblast à la pie Horatienne, qui pour se faire brave se vestit et orna des plumes des autres oyseaux : lesquelz peu apres venans à reprendre ce qui leur apartenoit, laisserent la povre pie toute nuë et descouverte.

Comme on le voit, c'était un partisan du français plus passionné que Du Bellay, avec lequel, comme l'a montré Martin,[36] toute cette introduction entend régler des comptes, dans une succession de répliques, de précisions, d'éclaircissements. Martin fait remarquer par exemple que « la pauvre pie déplumée » dérive de l'image

> qui, au troisième chapitre du Livre I de la *Deffence*, évoque la fragilité de notre langue telle que nous l'ont léguée nos ancêtres négligents, « si pauvre & nue », déplore Du Bellay, « qu'elle a besoing des ornementz & (s'il fault ainsi parler) des plumes d'autruy ».

La défense est habile. On ne traduit pas

> pour atribuer la richesse d'une langue à l'autre, pource que chascune langue retient sa propre et peculiere phrase et maniere de parler qui les plus souvent ne se

36. Dans la préface, cit., p. 7-18.

peult traduire, et seroit tres dificile, voire impossible, donner à la chose traduite (i'entends en quelques endroitz) ceste grace et emphase de parler qui se trouve en son naïf.

Or donc, il affirme qu'il n'a pas effectué la traduction parce que la douceur et l'élégance de la langue italienne lui plaisaient, d'autant que Speroni « n'est des meilleurs Tuscans », mais « pour le fruit et plaisir que i'ay veu qu'on povoit recueillir par le discours de telz dialogues », c'est-à-dire pour leur contenu ; par exemple, pour le fait que Speroni

> en son dialogue des langues [...] maintient que ceste sienne langue Tuscane est du tout indigne de nom et de louange, recongnoissant neanmoins que les meilleurs et les plus excellentz termes d'icelle, mesmement l'art oratoire et poëtique, sont empruntez de nous.[37]

Ceux qui l'associent aux « curieux admirateurs de langue estrangere » se trompent complètement.

Mais si elle est riche, pourrait lui objecter un autre, pourquoi n'écris-tu pas « quelque bonne invention », pour montrer « l'opulence de nostre langue ? ». À cette nouvelle objection possible, il répond par « le commun proverbe qui dit, riens n'estre dit à present qui n'ait esté dit paravant ». On ne peut donc s'attendre à de grandes nouveautés : ce qu'on nomme *invention* devrait plutôt s'appeler « adicion ou interpretacion sur les premiers labeurs d'autruy que vraye invention ». En second lieu, les hommes ne sont pas tous appelés à faire toutes les

---

37. Affirmation des plus tendancieuses si on la réfère au *Dialogo delle lingue* : Gruget pioche dans le tas sans faire attention au personnage qui parle et à la thèse qu'il défend. Malgré tout, curieusement, il fait mouche, car effectivement Speroni accordait au français une sorte de primauté parmi les langues romanes, comme Bembo l'avait d'ailleurs déjà montré.

choses ; quelques-uns ont le don de l'invention, d'autres sont poètes, d'autres orateurs, d'autres traducteurs... La richesse d'une langue, enfin,

> ne consiste en invention ou abondance de livres, mais plustost en fertilité de dictions, sinonymes et locutions diversifiées. En quoy ie puis dire à bon droit nostre langue heureuse en laquelle on peut transferer toutes choses, et dont le champ est si fertile que toutes sortes d'herbes et fleurs, pour estrangeres qu'elles soient, y peuvent prendre racine et profiter. En considerant donc toutes ces raisons ie n'ay craint mettre ma traduction en lumiere, et faire noz françois participans du fruit de ces dialogues.

Cette dédicace est un document important sur la culture française du temps et sur les discussions qui y avaient cours ; mais pour nous, il est surtout intéressant que la présente discussion naisse de textes de Speroni. Gruget est bien informé sur la jeune Brigade dont Du Bellay s'est fait le porte-parole ; dans la présentation des dialogues au lecteur il peut affirmer avec assurance, à la défense de sa propre thèse, que du *Dialogue des langues* « se peut recueillir de grant fruit, comme l'a bien sceu faire l'un de noz excellentz François, en parlant de l'honneur de nostre langue. Aussi à la vérité Speron confesse, la langue italienne proceder de nous, ou du moins la meilleure chose qu'ilz ayent ».[38] C'etait assez pour démontrer l'utilité de l'œuvre qu'il avait traduite. En outre, comme le montre Martin, il pouvait toujours placer sa traduction parmi celles qui étaient

---

38. Au début de cette préface, se défendant contre une calomnie, Gruget use d'accents dignes de Speroni : « Quoy qu'il en soit, estant né François et désirant l'honneur de ma patrie, si i' en faiz mon povoir, escrivant en ma langue, ie suis plus excusable, que si i' escrivois en langue estrangere, dont à peine ie congnusse les elementz, et par cela me rendre redicule à tout le monde [...] ».

considérées comme utiles par Du Bellay au chapitre X de la *Deffence*, c'est-à-dire celles qui rendent la philosophie citoyenne française.

Après la dédicace et la présentation *Au lecteur*, vient l'ode écrite par Marc-Antoine Muret (1526-1585) pour la version française des *Dialogues*, où Speroni était loué en ces termes :

> Si pour avoir inventé
> argument de telle sorte,
> que le lecteur contenté
> fruit et plaisir en raporte,
> un autheur espant sa gloire,
> et de son nom la memoire
> eternize en escrivant ;
> à tousiours sera vivant,
> sans que mort en rien l'affolle,
> l'autheur de ces beaux discours,
> et de l'un à l'autre pole
> sa renommée aura cours.

Et sa fortune en France ne s'arrêta pas là. Maurice Scève traduisit plusieurs passages du *Dialogue d'amour* et du *Dialogue de la dignité des femmes* dans sa *Délie ;* et l'on a trouvé quelques affinités entre le *Dialogue de l'usure* et le *Dialogue de la discorde*, d'une part, et les quatre chapitres sur les dettes au début du *Tiers livre* du *Gargantua* de Rabelais.[39]

(Traduit de l'italien par P. L.)

39. Cf. P. Villey, *Les sources italiennes de la « Deffence et illustration de la langue françoise » de Joachim Du Bellay*, Paris, Champion, 1908 ; D. Fenoaltea, *The Final Dizains of Scève's « Délie » and the « Dialogo d'amore » of S. Speroni*, in « Studi francesi », 1976, p. 201-25 ; M.-M. Fontaine, *Rabelais et Speroni*, in « Études Rabelaisiennes », 1983, p. 1-8. Voir aussi, dans l'édition citée du *Dialogo d'amore* par Pierre Martin, le chapitre intitulé *La réception du « Dialogo d'amore » en France : Maurice Scève, le couronnement de la « Délie »*.

NOTE PHILOLOGIQUE

de

Mario Pozzi

L'héritière universelle de Speroni fut sa fille Giulia ; et ce fut le troisième fils de Giulia, Ingolfo de' Conti, invité par de nombreux lettrés et de nombreux princes à les publier, qui le premier entreprit de préparer une édition des nombreux manuscrits de son grand-père. Il envisagea en effet l'édition d'un *corpus* complet des œuvres et entreprit de classer et trier les manuscrits, distinguant les œuvres achevées des fragments et des ébauches. Mais il en fut empêché par ses nombreuses occupations et par la maladie, de sorte qu'il finit par renoncer à une édition d'ensemble et publia divers écrits séparément. Les manuscrits restèrent la propriété de la famille Conti et parvinrent à Antonio de' Conti, lequel les mit à la disposition de Natale dalle Laste et Marco Forcellini, qui en donnèrent en 1740 une bonne édition en cinq tomes encore fondamentale aujourd'hui, que nous appelons ici S.[1] Les manuscrits furent ensuite donnés à la

---

1. J'ai reconstruit l'histoire de cette édition dans mon introduction à la réimpression anastatique publiée par l'éditeur Vecchiarelli en 1989.

Bibliothèque Capitulaire de Padoue, où ils se trouvent encore, bien ordonnés en dix-sept volumes, qui ont été décrits par monseigneur Claudio Bellinati.[2] Le tome I (f. 99-114 v) contient une rédaction manuscrite du *Dialogue des langues* assez différente de celle figurant dans l'édition aldine de 1542 et dont on trouvera les principales variantes énumérées à la fin de la présente note.

Les *Dialogues* furent composés après 1530 et avant 1537, année où, par quelques lettres de Benedetto Varchi, on apprend qu'ils circulaient manuscrits[3] : mais il n'est certain ni que circulaient tous ceux qui furent publiés pour la première fois en 1542, à Venise, chez les fils d'Alde Manuce, par Daniele Barbaro, ni qu'il s'agissait bien des mêmes. Le *Dialogue des langues* figure aux p. 105 v - 131, précédé d'une dédicace « au très illustre prince de Salerne, le Seigneur Ferdinando Sanseverino », où Barbaro affirmait qu'il avait décidé de publier quelques dialogues de Speroni sans le consentement de l'auteur parce qu'il s'était aperçu qu' « ils allaient de jour en jour perdant d'autant plus de leur beauté originelle qu'ils étaient plus souvent transcrits de main en main, que cela étant ils étaient lus dans un texte incorrect et, qui pis est, usurpés par d'autres comme un enfant négligé et renié par son propre père ». Les *Dialogues* circulaient donc depuis longtemps manuscrits, et tel ou tel ne s'était pas fait scrupule de les plagier. Barbaro fait allusion à

2. C. BELLINATI, *Catalogo dei manoscritti di S. Speroni nella Biblioteca Capitolare di Padova*, in (collectif) *S. Speroni*, cit., p. 323-55.

3. Cf. M. PLAISANCE, *Une première affirmation de la politique culturelle de Côme 1ᵉʳ*, in (collectif) *Les Écrivains et le pouvoir en Italie à l'époque de la Renaissance*, Première série, Paris, Université de la Sorbonne Nouvelle, 1973, p. 367.

Alessandro Piccolomini qui, dans son *Institution de toute la vie de l'homme né noble et dans une cité libre* [*Instituzione di tutta la vita dell'uomo nato nobile e in città libera* (Venetiis, apud H. Scotum, 1542)], avait librement démarqué les dialogues *Du gouvernement de la famille* [*Della cura famigliare*] et *De l'amour* [*Dell'amore*].

Qu'il ne s'agisse pas là d'une fiction – comme on en rencontre beaucoup chez des auteurs qui veulent passer pour indifférents ou réfractaires à la publication –, on en trouve la preuve dans une ébauche de lettre à Barbaro où Speroni se plaint de l'édition des *Dialogues*. Ils méritaient de rester secrets, écrit-il, car

> ils ne sont pas œuvres d'un intellect savant, qui écrirait dans l'intention d'être utile à autrui et se faire honneur à lui-même, mais un pur exercice, d'un esprit mal sain qui ne peut aller là où il faudrait et quand il le faudrait, mais qui volontiers se donne du mouvement pour ne pas pourrir dans l'oisiveté, que la nature abhorre. En témoignent la *Discorde* et l'*Usure*, deux caprices de jeunesse tels ceux de qui, dans les dialogues de Platon, entreprit de faire l'éloge de l'injustice, chez Lucien l'éloge de la mouche, chez Favorinus celui de la fièvre quarte et celui de Busiris chez Isocrate.[4]

Dans son *Apologie des dialogues* (T., p. 723-4), Speroni écrit en outre que c'est de Barbaro que

> Antonio et Paolo, fils d'Aldo Manuzio, reçurent mes dialogues et les imprimèrent maintes fois et toujours dans un format à très bas prix ; et jamais ils n'en eurent communication de mon fait, pas plus que je ne reçus jamais d'eux en hommage un seul de ces opuscules. Ils furent

---

4. SPERONI, *Lettere familiari*, cit., II, p. 242.

ensuite, longtemps après la première édition, traduits en langue française, et imprimés à Lyon, puis à Paris en l'an du Seigneur 1551, dédicacés en haut lieu. Et pour que rien n'y manquât de ce qui pouvait leur faire honneur, Marc-Antoine Muret, qui se trouve présentement à Rome vivant et régnant parmi les lettrés, sans autrement me connaître, y fit dessus une ode si gracieuse, qu'elle me fit courtoisement partager les louanges qui à lui seul conviennent et siéent à sa seule valeur, de sorte que je sois assuré d'avoir à vivre assez longtemps outre-monts, après que serai mort et enterré en Italie.

Comme on le voit, il ne renia pas l'édition aldine des *Dialogues*, même si elle lui semblait de piètre qualité. Il n'envisagea pas non plus de la remplacer par une édition autorisée. Quoi qu'il en soit, il convient de rappeler, parce que c'est un trait distinctif de notre auteur, qu'il avait une conception très aristocratique de la littérature et n'aimait donc pas tomber entre les mains de n'importe quel acheteur. Il pensait toujours à un public très restreint.[5]

C'est de 1540 environ que devrait dater également le dialogue *De la vie active et de la vie contemplative*, étroitement apparenté aux dialogues des langues et de la rhétorique, qui rapporte une conversation advenue en 1529 à Bologne, dans la demeure du cardinal Gasparo Contarini. Et, en effet, Marcantonio Moresini et Daniele Barbaro avaient pour lui aussi sollicité et obtenu le privilège d'imprimer. Ensuite,

---

5. Cela ne veut pas dire, bien sûr, que Speroni n'estimât pas très positive la découverte de l'imprimerie, qu'il célèbre expressément dans un de ses discours (*Discorso in lode della stampa*, in S., III, p. 447-54, sur lequel cf. M. MAGLIANI, *Bibliografia delle opere a stampa di S. Speroni*, in (collectif) *S. Speroni*, cit., p. 275 et suiv.) ; mais il s'en tenait à une conception aristocratique de la littérature, selon laquelle comptait non point l'approbation d'une foule de lecteurs quelconques, mais celle d'un petit nombre d'experts.

pourtant, quelle qu'en fût la raison, il ne figura pas dans l'édition aldine. Cf. G. Moro, *Appunti sulla preistoria editoriale dei « Dialogi » e della « Canace »*, in *Speroni*, cit., p. 193-218.

Au cours des années suivantes, Speroni composa d'autres dialogues, différents par leur inspiration et par leur style de ses dialogues de jeunesse, mais, indifférent comme il l'était aux honneurs de la l'impression, il ne se soucia pas de préparer une édition augmentée des *Dialogues*, jusqu'au moment où les censures de l'Inquisition le mirent dans l'obligation d'amender l'édition aldine ; alors seulement, cédant entre autres aux affectueuses sollicitations de ses amis, il envisagea d'en publier une nouvelle édition. Mais probablement n'y mit-il pas beaucoup de zèle, car le projet, malgré le soutien de personnages influents, resta sans suite et ce ne fut qu'en 1596 que parut à Venise, chez R. Meietti, préparé par Ingolfo de' Conti, un plus ample recueil de *Dialogues*, que non sans raison Natale dalle Laste et Marco Forcellini (S., I, p. XII) jugèrent sévèrement. Les *Dialogues*, anciens et nouveaux, reparurent ensuite intégralement dans S, avec toutefois, au plan textuel, des choix ni toujours clairs ni toujours opportuns.

Dans S (I, p. 166-201) Natale dalle Laste et Marco Forcellini reproduisirent, non pas le texte manuscrit du *Dialogue des langues*, mais celui de l'édition aldine. Notre dialogue a été ensuite republié par Bartolomeo Gamba dans *Alcune prose scelte di Sperone Speroni padovano* (Venezia, Alvisopoli, 1828, p. 55-114), par Eugenio Alberi dans son *Tesoro della prosa italiana dai primi tempi della lingua fino ai dì nostri* (Firenze, Società Editrice Fiorentina, 1841,

p. 518-35), par Giuseppe De Robertis, accompagné du *Dialogue de la rhétorique* (Lanciano, Carabba, 1912) et par Helene Harth (München, Fink, 1975), qui a joint à la reproduction phototypique du texte de S la version allemande du dialogue. Pour ma part, je l'ai publié deux fois : la première dans T, p. 585-635 ; la seconde dans *Discussioni linguistiche del Cinquecento*, cit., p. 279-335. Comme je l'ai fait précédemment, je reproduis ici encore le texte de l'édition aldine ; d'une part, parce que c'est sous cette forme que le *Dialogue des langues* exerça une grande influence en Italie et à l'étranger ; d'autre part, parce qu'il n'y a aucune raison d'attribuer une plus grande autorité à la rédaction conservée dans le premier tome des manuscrits de Speroni de la Bibliothèque Capitulaire de Padoue (qui, de toute façon, mériterait d'être publiée) : Speroni, comme je l'ai déjà dit, n'a jamais renié l'édition aldine.

Dans ma transcription j'ai adapté aux normes graphiques modernes l'usage de l'apostrophe, des accents et des majuscules ; mais j'ai conservé (et introduit, si nécessaire) les majuscules honorifiques *Cardinale, Papa, Duca*, etc. Je me suis efforcé d'intervenir le moins possible dans la ponctuation ; toutefois, je n'ai pas hésité à supprimer, ajouter, remplacer des signes quand la compréhension du texte l'exigeait. J'ai développé les abréviations, distingué *u* de *v*, modernisé l'usage du *h*. J'ai éliminé le *i* lorsqu'il n'avait pas de fonction diacritique. J'ai transcrit *j* par *i* ; *et* et le signe correspondant par *e* ; *-ti-* (atone et intervocalique) par *-zi-* ; *-antia* et *-entia* par *-anzia* et *-enzia* ; *-tti-* (dérivé de *-cti-* et *-pti-*), suivi par une voyelle, par *-zzi-* ; *ph* par *f*. Pour ce qui est de l'union et de la séparation des mots,

j'ai éliminé la soudure des proclitiques et j'ai généralement maintenu l'oscillation des mots composés, sauf à intervenir si la graphie était tout à fait inconciliable avec l'usage moderne. Mais j'ai toujours écrit *per che* [= « pour laquelle chose, ce pourquoi »], le distinguant de *perché* ; pour ce qui est des *preposizioni articolate* (= préposition + article), j'ai uniformisé les formes soudées *ai, sui, nei*, etc. et les formes séparées *ne la, de la*, etc. L'édition aldine est dans l'ensemble une édition très soignée, régulière dans sa graphie ; les fautes d'imprimerie y sont rares : j'ai corrigé sans les signaler celles (très peu nombreuses) qui étaient évidentes et certaines. Pour le reste j'ai effectué les interventions suivantes :

p. 2   l. 3-4 : *non quel poco che io so, ma* : le *ma* semble présupposer un *non solo* ou mieux un *non*, que précisément j'introduis (comme déjà dans S) ;

p. 16 l. 26. *solevamo* : comme S, je corrige en *solevamo* le « solevano » de l'éd. aldine. Du reste on lit dans C : « ove solevamo ripor (ajouté au-dessus : *serrar* biffé) le preziose gioie di Roma ».

p. 31 l. 16. *LASC. Vostra eccellenza* : dans l'éd. aldine cette première réplique de Lascaris n'est pas séparée des propos de l'Écolier.

La rédaction manuscrite – que j'appelle ici C – diffère en de très nombreux points de la version imprimée. Je présente ci-dessous les différences les plus significatives :

p. 1   l. 4-6. Dans C les répliques initiales sont différentes : « B. [...] v'ha condotto a leggere

greco l'anno a venire nello Studio di Padova.
E vero questo ? – L. Monsignor sì. – B.
Latino chi leggerà ? – L. Io similmente ». En
outre, après cette réplique, a été effacé : « B.
Due letture voi solo ? – L. Così s'ha voluto ».
On passe ensuite à : « Che provisione… ».

p. 1   l. 18. *hanno cercato e disiderato :* dans C Bembo
est plus explicite : «hanno cercato né mai
trovato se non adesso».

p. 2   l. 3-4. *non quel poco che io so, ma :* C omet ces
mots et la période en devient plus limpide.

p. 2   l. 13-5. *in iscambio…oltramontani :* C : « in
iscambio forse della libertà della Italia, la
quale ci tengono occupata gli oltramontani ».

p. 2   l. 15-8. *l'amore…perfettamente :* C : « la cognizion
delle lingue in guisa che io credo che da Plinio
in qua non ne siano state persone più stu-
diose ».

p. 2   l. 34. *alla maniera del vulgo :* C : « ebreo o
toscano ».

p. 3   l. 4. *più perfette e più care :* C : « più chiare
[ajouté dans l'interligne, au-dessus, "care"
non biffé] e perfette ».

p. 3   l. 11. *A me pare :* dans C : « Della ebrea faccia
la Germania a suo modo, che io per tutto
ciò non intendo di ragionarne, ma a me pare ».
Manque, en revanche, *quando vi guardo.*

p. 3   l. 14-20. *dalla lunghezza… migliore :* dans C :
« o per lunghezza di tempo o per
conversazione di gente barbara o per
negligenzia della italiana, onde così come
qualunche persona, lasciato il vino da canto,
si beve la feccia o ha l'appetito perduto o è
senza discorso o non ne pò aver che sia

chiaro, così è da pensare colui che, posposto
lo studio della lingua latina, seguita la
volgare, ciò fare o per manco d'elezzione,
non sapendo discernere tra '1 bono e '1
cattivo o veramente perché, nudo d'ingegno,
non si possa al meglio appigliare ».

p. 4   l. 8. *con questo Papa toscano* : dans C :
« cameriere di Papa Clemente [VII]) ».

p. 5   l. 5-8. *Io... Mantova* : dans C : « Certo io so
nulla per rispetto a quei gloriosi Romani,
ma quel poco che io so non lo cangerei col
Marchesato di Mantova ».

p. 5   l. 9-13. *alli cui... di Cesare* : dans C : « agli studi
del quale dicea Cesare più esser Roma
obligata che alle vittorie di lui ».

p. 5   l. 29-34. *ché lodandola... eccellenzia* : dans C :
« e non vogliate, temendo vanamente di esser
riputato prosuntuoso, divenire ingrato, lei non
lodando, cui sete tenuto lodare, oltre che poco
cortese sareste a questo gentilomo da bene,
il quale, in confessando liberamente la sua
ignoranzia, vi venne a pregare che lo chiariste
dell'eccellenzia di lei ».

p. 6   l. 15-18. *Ora io... la chiariate* : dans C : « Ora
poi che egli è lecito patteggiare, io voglio per
la mia parte che, qualora cosa direte non
intesa da me, interrompendo le vostre
parole, io possi pregarvi che me ne facciate
capace, però che, se io m'indugiassi alla fine,
io non me ne ricorderei nulla, oltre che per
avventura l'ora della cena sopraverrebbe e
mi bisognerebbe partire ».

p. 6   l. 26. *scriverà meglio* : suit dans C : « e in
contrario qualunche persona peggio atta serà

all'atto di questo officio, quella per
conseguente meno da lor vita si scosterà ».

p. 7 l. 3-5. *tra' poeti... Omero :* dans C : «tra' poeti
nissuno ancora né ebreo né volgare si possa
a Virgilio né ad Omero aguagliare».

p. 8 l. 3-4. *latino Omero :* manque dans C.

p. 8 l. 12. *tali siano :* dans C l'affirmation est atténuée
par un « quasi » ajouté dans l'interligne.

p. 8 l. 25. *del nome loro :* dans C : « d'esser letti dalle
persone ».

p. 8 l. 27-28. *e tutta finalmente senza nissuna bontà :*
dans C au contraire : « e finalmente ogni
altra parte d'orazione senza veruna bontà ».

p. 9 l. 6-7. *Oh glorioso linguaggio :* suit dans C :
« volgare o cortigiano », qui doit être sous-
entendu dans l'éd. aldine aussi.

p. 9 l. 14. *Longobardi :* suit dans C : « Tedeschi,
Spagnoli ».

p. 9 l. 29. *ché egli... saperle :* dans C : « che io
giudico lei esser del numero di quelle cose
delle quali lasciò scritto Aristotile esser
meglio non le sapere che saperle ».

p. 10 l. 1-5. *salvo se... però :* plus clairement dans C :
« salvo se egli non si dirà Virgilio e Cicerone
in quel modo che per gioco fanno lor signori
li servi e gli prigionieri lor podestà ;
nondimeno serve il signore e quel magnifico
podestà si more in prigione ; ma questo non
è privilegio pur de' Toscani ma de' Turchi
ancora e de' Mori, dei quali ».

p. 10 l. 15. *dipinto :* c'est-à-dire « non vero », comme
l'ajoute C, où, de façon plus cohérente, on
parle de Cicéron, non de Virgile.

p. 10 l. 17-18. *doverebbe... l'Omero :* dans C : « non

è se non un solo in una sola lingua ; quella dunque dovemo con ogni studio, con ogni industria, con ogni onore sola imparare, sola lodare, sola adorare ».

p. 10 l. 23-24. *e la Gallia* : manque dans C.

p. 10 l. 29. *né patria né nome :* dans C : « ancora né padre, né patria, né nome ».

p. 11 l. 31-32. *quattrocento... anni :* dans C : « cinquecento o mille anni ».

p. 12 l. 24-26. *parlarete... risponda ? :* dans C : « vorreste latino parlare, che non sapete, e sapendo non si resti inteso d'alcuno ? o in guisa che altri intendesse e usasse ? ».

p. 12 l. 30. *l'uomo* : dans C : « l'industria degl'Italiani » (et par conséquent, peu après, « la virtute » au lieu de *l'industria).*

p. 15 l. 11-12. *udire... strumenti* : dans C : « odir uscir fora d'alcuna di loro un romore di molti e varii strumenti turcheschi ».

p. 16 l. 9. *indizio dimostrativo* : dans C : « un banditor o trombetta ».

p. 16 l. 26. *solevamo* : dans C : « ove solevamo ripor (ajouté, au-dessus, *serrar* biffé) le preziose gioie di Roma ».

p. 18 l. 11. *sendo... lingue :* dans C : « quando già erano perfette quelle due lingue ».

p. 18 l. 29-31. *alle quali... proferire :* dans C : « alle quali parole non se ne proferirebbe una simile volgare nella Corte di Roma senza grandissime risa degli ascoltanti ».

p. 19 l. 15. *volgari* : dans C : « non pur del Petrarca ma d'altri moderni di minor prezzo ».

p. 21 l. 5. *meglio di me :* dans C : « molto meglio di niun altro ».

p. 21 l. 33. *dalla greca :* dans C : « dalla pianta d'Atene ».

p. 22 l. 7-8. *suol produrre ogni lingua :* dans C : « produsse la greca medesma ».

p. 22 l. 24-27. *ne' nostri... ebrea :* dans C : « non dovea in quel tempo negli animi delle persone lasciar d'altrui lingua radice, e altretanto si poria dir della greca per rispetto alla egiptia o alla ebrea ».

p. 24 l. 4-5. *non è... materia :* dans C : «non è diverso da lui medesmo se non per diversità di materie, o per un poco di diferenzia di sito e di loco delle parole di lui».

p. 24 l. 16-7. *la lingua... Padova :* dans C : « la lingua di S. Antonio da Padova ».

p. 26 l. 33. *alle parole :* dans C : « alla voce ».

p. 27 l. 19-21. *Questo... benché talora :* dans C : « Onde mi ricorda aver conosciuto in Padova gli anni passati, e seco avuto amicizia, un giovane di quella città, persona certo di grandissimo ingegno, il quale componeva come dio alla padovana con tanta felicità che, quantunque egli avesse nome Agnolo, nondimeno dalla gente non si chiamava se non Ruzzante, nome a sé posto da lui medesimo nelle comedie, ove era interlocutore. Costui, dunque, benché talora »

p. 29 l. 14-17. *accostandovi... avversario :* dans C : « accostandovi alla parte mia, ove, contastando col maggior omo del mondo, gloria vi fia l'esser vinto per le sue mani » (« contastando... mani » est ajouté dans l'interligne au-dessus de « non meno glorioso

vi serà esser vinto che vincer altrui » non biffé).

p. 29 l. 29. *che appena... altramente :* dans C : « che esser non pò quasi altramente » (suit, biffé : « poi che voi steste così attento alla nostra disputa » ; ce dernier mot corrigé dans l'interligne en « contesa »).

p. 31 l. 9-10. *Ad ogni... diciate :* cette réplique manque dans C, où en revanche la réplique de l'Écolier continue ainsi : « Dunque, di questo e d'altri errori, nei quali suole incorrere parlando chi poco sa e è sforzato di favellar, iscusi me il non potervi dinegare cosa che voi vogliate ».

p. 31 l. 11-15. *L'ultima volta... Lascari :* dans C : « Dico, dunque, che, essendo messer Lascari di Francia a Bologna nuovamente venuto, il Peretto per la autorità della sua persona e per lo amore che era fra loro un giorno l'andò a visitare, e io con lui, col quale, poi che bona pezza fu dimorato, lo domandò messer Lascari ».

p. 34 l. 15-16. *alli quali... industria :* dans C : « li quali dovremmo tentar di superare ».

p. 35 l. 21-22. Le passage *ma ogni... mortali* est plus développé dans C : « ma viene ogni loro virtù dalla volontà nostra, la quale pò loro carcare e discarcar a suo modo senza che altri ne la deggia riprendere ».

p. 35 l. 29. *in volgare :* dans C : « in volgar italiano o tedesco ».

p. 36, l. 33 - p. 37, l. 3. *così i sacri... significare :* dans C : « così i sacri misterii della divina filosofia omo italiano non ardisce trattar con la sua

lingua natia, ma ciò fa con l'altrui, parendogli per aventura cosa più convenevole assai star lunge dalle dottrine che non vicini ».

p. 41 l. 9. *ateniesi* : dans C : « aristotelici ».

p. 42 l. 11-21. *privi in tutto... mondo :* dans C : « senza aver mai né letto né studiato Aristotile avevano ardimento di esporlo ; per la qual cosa qualunche si prendesse fatica di far alcuna scienzia di greca o di latina volgare, vana parrebbe loro l'impresa, come quelli i quali [compléter par *sdegnerebbero* ?] di scrivere o di parlare in linguaggio che non s'intendesse da tutti ».

p. 42 l. 29. *alla plebe :* dans C : « a tutta la plebe d'Italia ». La précision, qui doit être sous-entendue dans le texte imprimé aussi, est précieuse. La thèse de Peretto ne doit pas être considérée comme une défense du pluralisme dialectal ; elle est plutôt l'expression d'un moment où le triomphe du toscan, pour la prose tout au moins, n'apparaissait pas encore comme inévitable.

p. 43, l. 28 - p. 44, l. 4. *Né a me pare... in più pezzi :* dans C : « Benché non mi par già che voi ne vogliate far prova ; solamente qui e colà n'andate cogliendo quando una quando altra parte, le quali ponendo insieme, quello in lei sperate potere che nel suo Ippolito Esculapio, quando risuscitollo. E non v'accorgete che nel cadere parte divenne polve, parte si ruppe in più pezzi ».

(Trad. par P. L.)

BIBLIOGRAPHIE ESSENTIELLE

Une minutieuse *Bibliografia delle opere a stampa di Sperone Speroni* [*Bibliographie des œuvres imprimées de S. Speroni*] a été préparée par Mariella Magliani pour l'ouvrage intitulé *S. Speroni*, Padova, Editoriale Programma (« Filologia veneta », II, 1989, pp. 275-321), recueil d'essais de spécialistes de Speroni conçu de manière à faire le point sur les divers problèmes que posent Speroni et son oeuvre. Une vaste bibliographie, quasiment complète, accompagne la monographie de Jean-Louis Fournel (*Les Dialogues de S. Speroni : libertés de la parole et règles de l'écriture*, Marburg, Hitzeroth, 1990). Je me limite ici à donner une bibliographie fortement sélective.

Bonora (E.), *Dallo Speroni al Gelli*, in *Retorica e invenzione*, Milano, Rizzoli, 1970, p. 35–43 ;

Bruni (F.), *S. Speroni e l'Accademia degli Infiammati*, in « Filologia e letteratura », XIII (1967), p. 24–71 ; ID., *Sistemi critici e strutture narrative*, Napoli, Liguori, 1969 ;

Du Bellay (J.), *Deffence et illustration de la langue françoise*, édition établie par H. Chamard, Paris, Société

des Textes Français Modernes, 1948 ; nouvelle éd., ibid., 1997, précédée d'une introduction de Jean Vignes et d'une bibliographie mise à jour ;

FANO (A.), *S. Speroni (1500–1588). Saggio sulla vita e sulle opere*, Parte I. *La vita*, Padova, Fratelli Drucker, 1909 ;

FLORIANI (P.), *S. Speroni, letterato "nuovo"*, in *I gentiluomini letterati*, Napoli, Liguori, 1981, p. 112–29 ; ID., *Grammatici e teorici della letteratura volgare*, in AA.VV., *Storia della cultura veneta*, 3/II, Vicenza, Neri Pozza, 1980, p. 139–81 ;

GIRARDI (R.), *La società del dialogo. Retorica e ideologia nella letteratura conviviale del Cinquecento*, Bari, Adriatica, 1989 ; ID., *Ercole e il Granchio : figure della "sofistica speroniana"*, in « Giornale storico della letteratura italiana », CLXVII, 1990, p. 396-411 ;

HARTH (H.), Introduction à S. SPERONI, *Dialogo delle lingue*, München, Fink, 1975 (réimpression phototypique de l'édition de 1740 avec traduction allemande en regard) ;

LOOS (R.), *S. Speroni und die « questione della lingua »*, in : *Wort und Text. Festschrift für F. Schalk*, Frankfurt am Main 1963, p. 222–33 ;

MARTI (M.), *S. Speroni retore e prosatore*, in *Dal certo al vero. Studi di filologia e di storia*, Roma, Edizioni dell'Ateneo, 1962, p. 251–72 ;

MARTIN (P.), Préface à S. SPERONI, *Dialogue traittant d'amour et jalousie* [= *Dialogo d'Amore*], traduit par C. Gruget, Poitiers, La Licorne, 1998, p. 1-68.

MAZZACURATI (G.), *La fondazione della letteratura* et *Il « cortegiano » e lo « scolare »*, in *Il rinascimento dei moderni*, Bologna, Il Mulino, 1985, p. 237–95 ;

ORDINE (N.), *Théorie de l'imitation, rapport res/verba, traduction. Autour de quelques aspects du débat sur la langue en Italie au XVIe siècle*, in *Le rendez-vous des savoirs. Littérature, philosophie et diplomatie à la Renaissance*, Paris, Klincksieck, 1999, p. 109-18.

PECORARO (M.), *L'elogio della lingua latina e dell'-eloquenza dell'Amaseo e la difesa della retorica volgare dello Speroni*, in AA.VV., *Omaggio a G. Folena*, Padova, Editoriale Programma, 1993, II, p. 1045-63 ;

SCRIVANO (R.), *Cultura e letteratura in S. Speroni*, in *Cultura e letteratura nel Cinquecento*, Roma 1966, p. 119–141 ;

SIMONE (R.), *S. Speroni et l'idée de diachronie dans la linguistique de la Renaissance italienne*, in AA. VV., *History of Linguistic Thought and Contemporary Linguistics*, Berlin–New York 1976, p. 302–16 ;

SPERONI (S.), *Opere*, tratte da' mss. originali, Venezia, D. Occhi, 1740 en cinq volumes (on peut utiliser la réimpression anastatique, publiée en 1989 par l'éditeur Vecchiarelli de Manziana, Roma, avec une introduction de M. Pozzi) ;

VIANELLO (V.), « *Res* » e « *verba* » *nel Dialogo della Retorica di S. Speroni*, in « Atti dell'Istituto veneto di scienze, lettere e arti ». Classe di scienze morali etc., CXXXVIII (1979–1980), p. 231–53 ; ID., *Il letterato, l'accademia, il libro. Contributi sulla cultura veneta del Cinquecento*, Padova, Antenore, 1988 ; ID., *Il « giardino » delle parole. Itinerari di scrittura e modelli letterari nel dialogo cinquecentesco*, Roma, Jouvence, 1993 ;

VILLEY (P.), *Les sources italiennes de la « Deffence et illustration de la langue françoise » de J. Du Bellay*, Paris 1908.

I DIALOGI DI MES‚
SER SPERON
SPERONE.

AL   DVS

Con priuilegio del Senato Veneto .

IN VINEGIA,   M. D. XLII.

DIALOGUE DES LANGUES

BEMBO, LAZZARO, COURTISAN, ÉCOLIER, LASCARIS, PETIT-PIERRE

BEMBO. J'entends dire, messire Lazzaro, que la Seigneurie de Venise vous a engagé comme lecteur de grec et de latin à l'Université de Padoue : est-ce vrai ?

LAZZARO. Oui, Monseigneur.

BEMBO. Quel est votre salaire ?

LAZZARO. Trois cents écus d'or.

BEMBO. Messire Lazzaro, je m'en réjouis pour vous, pour les belles-lettres et les lettrés de leur état : pour vous tout d'abord, parce que je ne connais point d'homme de votre profession qui ait approché le sommet où vous êtes parvenu ; pour les belles-lettres ensuite, qui désormais n'iront plus mendiant leur vie, pauvres et nues[1], comme elles l'ont fait par le passé. Je m'en réjouis également pour l'Université de Padoue et ses savants, à qui est échu enfin le maître qu'ils ont longtemps cherché et désiré. Mais je vous avertis qu'il vous faudra répondre non point tant à l'immense désir qu'ont les hommes d'apprendre, qu'à l'espérance infinie que l'on place en vous et en votre doctrine. Ce ne vous sera pas chose nouvelle, tant vous êtes habitué à travailler assidûment et, par vos louables travaux, à procurer gloire à vous-même et à autrui vertu.

DIALOGO DELLE LINGUE

BEMBO, LAZARO, CORTEGIANO, SCOLARE,
LASCARI, PERETTO

BEMBO. Io odo dir, messer Lazaro, che la Signoria di Venezia v'ha condotto a legger greco e latino nello Studio di Padova : è vero questo ?

LAZARO. Monsignor sì.

BEMBO. Che provisione è la vostra ?

LAZARO. Trecento scudi d'oro.

BEMBO. Messer Lazaro, io me n'allegro con voi, con le buone lettere e con gli studiosi di quelle : con voi prima, peroché io non so uomo nessuno della vostra professione che andasse presso a quel segno ove sete arrivato ; con le buone lettere poi, le quali da qui inanzi non mendicheranno la vita loro povere e nude come sono ite per lo passato. M'allegro eziandio con lo Studio e gli studiosi di Padova, cui finalmente è tocco in sorte tale maestro quale lungo tempo hanno cercato e disiderato. Ma io v'aviso che egli vi bisognerà sodisfar non tanto all'immenso disiderio che hanno gli uomini d'imparare, quanto ad una infinita speranza che s'ha di voi e della vostra dottrina. Il che fare nuova cosa non vi sarà, così sete usato d'affaticarvi e con le vostre lodevoli fatiche operar gloria in voi e in altrui vertù.

LAZZARO. Monseigneur, j'ai toujours prié Dieu qu'il m'accorde une fois la grâce et l'occasion de faire connaître au monde non le peu que je sais, mais l'efficace et l'excellence de ces deux langues, qui longtemps ont été méprisées de qui devait les adorer ; maintenant que Dieu me l'a accordée, j'ai espoir d'amener beaucoup d'hommes, de quelque âge et naissance qu'ils soient, à délaisser les autres pratiques pour ne s'adonner tous qu'à celle-ci, comme à la seule vraiment capable de leur apporter gloire.

BEMBO. Quiconque vous connaît a bien de vous cette opinion-là. Mais nous sommes à coup sûr parvenus à l'heure où, pour le mal que nous avons longuement souffert, il semble que Dieu veuille nous accorder quelque compensation ; c'est qu'en contrepartie des nombreuses provinces et cités d'Italie occupées par les gens d'outre-monts, il nous a fait don de l'amour et de la connaissance des langues, au point que nul n'est tenu pour philosophe s'il ne s'est fait parfaitement grec et latin. Aussi est-ce une chose étrange et belle que de nous voir continûment vivre et parler avec des barbares sans avoir nous-mêmes rien de barbare[2]. Et non seulement ces deux langues : la toscane aussi, guère moins que perdue, telle une plante qui reprend vie, a refleuri de nouveau, et de si belle façon que l'on pourra tôt y compter plus d'un Pétrarque et plus d'un Boccace[3]. L'hébraïque semblablement commence à être prisée. Aussi me semble-t-il, à bien y regarder, qu'il y a là quelque influence du ciel, tant chacun s'adonne vigoureusement à la pratique des langues : la seule de toutes qui nous vaille un immortel renom.

LAZZARO. C'est chose qui mérite créance, que le ciel ait eu souci autrefois, et l'ait encore, de la grecque et de la latine, en raison de l'excellence de ces deux langues ; mais des autres le ciel n'a nul souci, et nul souci n'en doivent avoir les mortels : lesquels ne peuvent tirer ni honneur ni profit de parler bien à la manière du vulgaire.

LAZARO. Monsignor, sempremai io n'ho pregato Domenedio che mi dia grazia e occasione una volta di far conoscere al mondo non quel poco ch'io so, ma il valore e l'eccellenzia di queste due lingue, le quali gran tempo sono state sprezzate da chi doveva adorarle; ora che Dio la mi ha conceduta, ho speranza di fare che molti uomini di qualunche età e nazione, lasciati gli altri studi da canto, tutti a questo uno si doneranno, come a quello che veramente pò loro far gloriosi.

BEMBO. Chiunque vi conosce porta cotale openione di voi. Ma per certo noi siamo giunti a tempo che pare che il male lungamente da noi sofferto voglia Iddio a qualche modo ricompensarci; peroché in iscambio delle molte possessioni e città della Italia, le quali occupano gli oltramontani, egli ci ha donato l'amore e la cognizione delle lingue in maniera che nessuno non è tenuto filosofo, che non sia greco e latino perfettamente. Onde egli è strana e bella cosa il vederci continuamente vivere e parlare con barbari e non aver del barbaro. Né solamente queste due nobilissime lingue, ma la toscana poco men che perduta, quasi pianta che rinovelle, è rifiorita di nuovo sì fattamente che di breve più d'un Petrarca e più d'un Boccaccio vi si potrà numerare. La ebrea similmente comincia ad essere in prezzo. Per che a me pare, quando vi guardo, che questo sia un certo influsso del cielo, sì fieramente ogn'uno si dà nello studio delle lingue: il quale solo fra tutti gl'altri ci fa immortali per fama.

LAZARO. Degna cosa da credere che 'l cielo abbia curato altre volte e curi ancora della greca e della latina, per la eccellenzia di queste lingue; ma di quelle altre né il cielo ne ha cura, né deeno averne i mortali: ai quali né onore né utile non può recare il parlar bene alla maniera del vulgo.

BEMBO. Il est bien vrai que l'on devrait apprendre la langue grecque et la latine plus volontiers que la toscane, d'autant que les deux premières sont, plus que cette dernière, parfaites et précieuses[4] ; mais que la toscane soit à mépriser tout à fait, je ne le dirais aucunement : d'une part pour ne pas dire de mensonge, de l'autre pour ne pas paraître avoir perdu tout le temps que j'ai consacré à l'apprendre. De l'hébraïque, je n'en connais rien ; mais à ce que j'en entends dire, l'Allemagne l'estime tout autant ou à peine moins que les Italiens la latine[5].

LAZZARO. Il me paraît, à bien y regarder, que le vulgaire toscan est à la langue latine ce que la lie est au vin ; parce que la langue vulgaire n'est rien d'autre que la latine à ce jour gâtée et corrompue, ou par le cours du temps ou par la force des barbares ou par notre poltronnerie. C'est pourquoi les Italiens qui avant l'étude de la langue latine placent la vulgaire, ou bien sont sans jugement et ne discernent pas entre ce qui est bon et ce qui ne l'est pas, ou, totalement dépourvus d'esprit, n'ont pas la capacité de posséder le meilleur. Aussi en advient-il ce que nous voyons advenir de telle ou telle complexion humaine qui, manquant de vigueur naturelle pour n'avoir pas vertu de faire du sang avec la nourriture, la convertit, pour que vive son corps, en phlegme, ce qui rend l'homme veule et conforme dans ses actes à la qualité de cette humeur. Et voilà ce qu'à chacun il faudrait donner pour loi : aux hommes du vulgaire de ne point parler en latin, pour ne pas entacher la réputation de cette langue divine ; aux lettrés que jamais, s'ils n'y sont contraints par quelque nécessité, ils ne parlent en vulgaire à la manière des ignorants : afin que le vulgaire arrogant ne tire argument de l'exemple et autorité des grands hommes pour faire trésor de ses ordures et muer en art son ignorance.

BEMBO. Egl'è ben vero che tanto più volentieri si doverebbe imparar la lingua greca e la latina che la toscana, quanto di questa quelle altre due sono più perfette e più care ; ma che la tosca sia da sprezzare del tutto, per niente lo direi : parte per non dire bugia, parte per non parer d'aver perduto tutto quel tempo che spender volli in apprenderla. Della ebrea, io non ne so nulla ; ma per quello che io n'oda dire, quanto la latina gl'Italiani altrotanto o poco meno istima lei la Germania.

LAZARO. A me pare, quando vi guardo, che tale sia la volgar toscana per rispetto alla lingua latina quale la feccia al vino ; peroché la volgare non è altro che la latina guasta e corrotta oggimai dalla lunghezza del tempo o dalla forza de' barbari o dalla nostra viltà. Per la qual cosa gl'Italiani, li quali allo studio della lingua latina la volgare antepongono, o sono senza giudicio, non discernendo tra quel ch'è buono e non buono, o privi in tutto d'ingegno non son possenti di possedere il migliore. Onde quello n'avviene che noi veggiamo avvenire d'alcuna umana complessione, la quale scema di vigor naturale, non avendo vertù di fare del cibo sangue, onde viva il suo corpo, quello in flemma converte, che rende lo uomo dapoco, e nelle proprie operazioni il fa essere conforme alla qualità dell'umore. Ma egli si vorrebbe dare per legge ad ogn'uno : a' volgari il non parlare latinamente, per non diminuir la riputazione di questa lingua divina ; a' literati, che mai da loro, se non costretti d'alcuna necessità, non si parlasse volgare alla maniera degl'ignoranti : accioché 'l vulgo arrogante, con l'essempio e auttorità de' grandi uomini, non prendesse argomento di far conserva delle sue proprie brutture e ad arte ridurre la sua ignoranzia.

COURTISAN. Messire Lazzaro, dites ici entre nous tout le mal que vous voulez de cette langue toscane ; simplement, ne faites pas ce que fit l'an passé dans cette ville[6] messire Romolo qui, dans son discours public, blâma avec tant de belles raisons cette langue, que j'en vins au point que j'aurais choisi d'être mort serviteur de Cicéron, parce qu'alors j'eusse bien parlé en latin, plutôt que de vivre maintenant, sous ce pape toscan[7].

LAZZARO. Si je croyais avoir besoin de persuader aux écoliers de Padoue qu'il faille s'attacher à la langue latine et fuir la toscane, ou bien je n'irais pas y enseigner le latin, ou bien je ne devrais pas espérer que l'on pût tirer grand fruit de mes leçons ; car, s'ils ne le comprenaient pas d'eux-mêmes, je jugerais qu'ils manquent d'intelligence, n'étant pas capables de distinguer entre les principes évidents en soi et les conclusions : défaut sans remède aucun. Aussi vous dis-je que je voudrais savoir parler le latin comme le parlait Marcus Tullius plutôt qu'être le pape Clément VII.

COURTISAN. Eh bien moi, je connais beaucoup d'hommes qui, pour être même de médiocres seigneurs, accepteraient volontiers d'être muets. Certes je ne dis pas que je suis du nombre ; mais je dis bien, en faisant appel à votre indulgence, puisque le défaut vient de mon peu d'intelligence : je ne vois pas pour quelle raison l'on devrait priser la langue grecque, pas plus que la latine, au point, pour les savoir, de mépriser mitres et couronnes ; car s'il en était ainsi, le sommelier ou le cuisinier de Démosthène et de Cicéron eussent été d'une dignité plus haute que ne le sont aujourd'hui l'empire et la papauté.

BEMBO. Ne croyez pas que messire Lazzaro n'aspire qu'à la langue latine de Cicéron, qui était commune à celui-ci et aux autres Romains ; en plus des mots latins de celui-ci, il veut son éloquence et sa sagesse, qui fut son bien propre et d'aucun autre, et qui doit être tenue

CORTEGIANO. Messer Lazaro, qui tra noi ditene il male che voi volete di questa lingua toscana ; solamente quello non fate che fece l'anno passato messer Romolo in questa città ; il quale orando publicamente con tante e tali ragioni biasimò cotal lingua ch'ora fu che inanzi arei tolto d'esser morto famiglio di Cicerone, per aver bene latinamente parlato, che viver ora con questo Papa toscano.

LAZARO. Se io credessi bisognarmi persuadere a' scolari di Padova che la lingua latina fosse cosa da seguitare e da fuggir la toscana, o io non v'anderei a legger latino o spererei che delle mie lezzioni poco frutto se ne dovesse pigliare ; ché, da sé stessi nol conoscendo, giudicarei che essi mancassero d'intelletto, non sappiendo distinguere tra' principii per sé noti e tra le conclusioni : il quale difetto non ha rimedio nissuno. Onde io vi dico che più tosto vorrei saper parlare come parlava Marco Tullio latino ch'esser papa Clemente.

CORTEGIANO. E io conosco di molti uomini che, per esser mediocri signori, si contentarebbono d'esser muti. Già non dico ch'io sia uno di questo numero ; ma dico bene, e dicolo con vostra grazia, poi che il difetto è dal mio poco intelletto, io non vedo per qual ragione debba l'uomo apprezzare la lingua greca né la latina, che per saperle sprezze mitre e corone ; ché, se ciò fosse, stato sarebbe di maggior dignità il canevaio o 'l cuoco di Demostene e di Cicerone, che non è ora l'imperio e il papato.

BEMBO. Non creggiate che messer Lazaro brami solamente la lingua latina di Cicerone, la quale era comune a lui e agl'altri Romani ; ma insieme con le parole latine egli disidera l'eloquenzia e la sapienzia di lui, che fu sua propria e non d'altri ; la

pour plus excellente que toutes les grandeurs de ce monde, d'autant qu'on s'élève à la sublimité du principat par voie de succession ou par la faveur de la fortune, alors que l'âme atteint à celle des sciences sans autres ailes que celles de son génie et de son industrie. Comparé à ces glorieux personnages, je ne sais rien, mais le peu que je sais des langues, je ne le changerais pas pour le Marquisat de Mantoue[8].

LAZZARO. Je ne crois pas, Monseigneur, que vous croyiez que beaucoup des sénateurs et des consulaires de Rome, tout comme l'ensemble de la plèbe, parlaient le latin comme le faisait Marcus Tullius, aux travaux duquel Rome eut plus d'obligation qu'aux victoires de César[9]. C'est pourquoi j'ai dit, et je redis, que j'estime et admire plus la langue latine de Cicéron que le pouvoir d'Auguste. Je parlerais bien ici des mérites de cette langue, non point tant pour satisfaire au désir de ce gentilhomme de bien, que parce que j'ai obligation de le faire ; mais là où vous vous trouvez, il ne sied pas qu'un autre que vous en discoure : qui ferait autrement ferait injure à la langue, et serait tenu pour présomptueux.

BEMBO. Ce devoir de louer la langue latine vous incombe pour bien des raisons : d'une part parce que vous avez été appelé à l'enseigner publiquement, de l'autre parce que vous en êtes plus chaud partisan que je ne le suis, moi qui ne l'estime pas au point de mépriser pour autant le vulgaire toscan ; au reste, je ne l'ai préférée qu'à un marquisat, alors que vous l'avez placée au-dessus de l'empire du monde entier. C'est donc à vous qu'il revient de la louer : car en la louant vous ferez œuvre de gratitude envers cette langue, à laquelle votre nom et votre renommée ont grande obligation ; et vous en userez courtoisement avec ce bon gentilhomme, qui tout à l'heure n'a pas craint de s'avouer quelque peu sot, et qui pourra vous entendre discourir de son excellence.

quale tanto più eccellente dee riputarsi d'ogni mondana grandezza, quanto all'altezza de' principati si sale per successione o per sorte, ove a quella delle scienzie monta l'anima nostra non con altre ali che con quelle del suo ingegno e della sua industria. Io so nulla per rispetto a' que' gloriosi, ma quel poco che io ne so delle lingue, non lo cangerei al Marchesato di Mantova.

LAZARO. Io non credo, Monsignor mio, che voi creggiate che molti de' senatori e de' consulari di Roma, non che tutta la plebe, così latino parlasse come facea Marco Tullio, alli cui studii più fu Roma obligata, che alle vittorie di Cesare. Onde io dissi, e ora dico di nuovo, che più istimo e ammiro la lingua latina di Cicerone che l'imperio d'Augusto. Delle laudi della qual lingua parlarei al presente, non tanto per sodisfare al disiderio di questo gentil uomo da bene, quanto perché io sono obligato di farlo ; ma ove voi sete, non si conviene che altri che voi ne ragione ; e chi facesse altramente, farebbe ingiuria alla lingua, e egli sarebbe tenuto prosontuoso.

BEMBO. Questo officio di lodar la lingua latina per molte ragioni dee esser vostro : parte per esser già destinato ad insegnarla publicamente ; parte per esserle più partigiano che io non sono io, il quale non l'istimo cotanto, sì che però io dispregi la volgare toscana ; e anche io non la preposi se non ad un marchesato, ove voi l'avete messa disopra all'imperio di tutto 'l mondo. Dunque a voi tocca il lodarla : ché lodandola sarete grato alla lingua, alla quale il nome vostro, e la fama vostra, è grandemente obligata ; e con questo buon gentil uomo cortesemente operarete, il quale dianzi non si curò di confessare d'aver anzi dello scemo che no, per udir voi ragionar della sua eccellenzia.

LAZZARO. Eh bien moi, puisque vous le voulez, je la louerai bien volontiers, à cette condition que je puisse dans le même temps blâmer la langue vulgaire, si l'envie m'en prend, sans que vous en soyez fâché.

BEMBO. J'y consens ; mais que la condition vaille pour les deux, et que, lorsque vous vilipenderez, je puisse, moi, défendre.

LAZZARO. Volontiers. Mais à vous, mon gentilhomme, je dis que je peux bien commencer à louer la bonne langue latine, en vous donnant les raisons pour lesquelles je la préfère au gouvernement du monde ; mais en finir, vraiment pas, tant j'ai à dire sur cette matière. Je ne suis pas sûr pour autant que le peu que j'en dirai vous persuadera de lui être beaucoup plus ami que vous ne l'êtes présentement de la cour de Rome.

COURTISAN. Cela, vous le ferez tout à l'heure. Pour l'instant, je veux quant à moi que, chaque fois que vous direz quelque chose que je ne comprendrais pas, je puisse interrompre votre discours et vous prier de me l'éclaircir.

LAZZARO. J'y consens . Donc, sans autre préambule, je dirai pour commencer que, encore que nous soyons différents des bêtes brutes sur bien des points, nous nous écartons d'elles principalement sur celui-ci, que par la parole et l'écrit nous nous communiquons l'un l'autre notre cœur, chose que ne peuvent faire les bêtes. Donc, s'il en est ainsi, celui-là se distinguera plus de la nature des brutes, qui parlera et écrira le mieux. Par conséquent, quiconque aspire à être homme parfaitement doit mettre toute son étude à tâcher de parler et écrire parfaitement ; et celui qui a la vertu de pouvoir le faire, on peut dire avec raison qu'il est aux autres hommes ce que les hommes sont eux-mêmes par rapport aux bêtes[10]. C'est cette vertu de parler et d'écrire que les Grecs et les Latins se sont appropriée dans une mesure presque égale. D'où il s'ensuit que leurs langues sont les seules parmi toutes celles du monde qui nous distinguent par excellence

LAZARO. E io, poi che volete così, volentieri la loderò, con patto di potere insiememente biasimar la volgare, se voglia me ne verrà, senza che voi l'abbiate per male.

BEMBO. Son contento ; ma sia il patto comune, che, quando voi vituperarete, io possa difendere.

LAZARO. Volentieri. Ma a voi, gentil uomo, dico ch'io posso bene incominciare a lodare la buona lingua latina, rendendovi la ragione perché io la preponga alla signoria del mondo ; ma finire non veramente, tanto ho da dire intorno a questa materia. Non per tanto mi rendo sicuro che quel poco ch'io ne dirò vi persuaderà ad esserle molto più amico che voi non siete al presente alla corte di Roma.

CORTEGIANO. Questo voi farete dapoi. Ora io voglio per la mia parte che qualora cosa direte che io non intenda, interrompendo il ragionamento, possa pregarvi che la chiariate.

LAZARO. Son contento. Dunque, senza altro proemio fare, io dico incominciando che, quantunque in molte cose siamo differenti dalli bruti animali, in quest'una principalmente ci discostiamo da loro, che ragionando e scrivendo comunichiamo l'un l'altro il cor nostro : la qual cosa non possono fare le bestie. Dunque, se così è, quegli più diverso sarà dalla natura de' bruti, il quale parlerà e scriverà meglio. Per la qual cosa chiunque ama d'esser uomo perfettamente, con ogni studio dee cercare di parlare e scrivere perfettamente ; e chi ha vertù di poterlo fare, ben si può dire a ragione lui esser tale fra gl'altri uomini, quali sono gl'uomini istessi per rispetto alle bestie. La qual vertù di parlare e di scrivere i Greci e Latini quasi ugualmente s'appropriarono. Onde le loro lingue vengono ad esser quelle che, sole tra tutte l'altre del mondo,

des barbares et des créatures privées de raison. Et à bon droit, tant il est vrai que parmi les poètes en vulgaire il n'en est aucun qui, au jugement des Florentins, puisse s'égaler à Virgile ni à Homère[11], ni, parmi les orateurs, à Démosthène ou à Marcus Tullius. Louez autant que vous le voudrez Pétrarque et Boccace, vous n'aurez pas pour autant l'audace de les dire ni égaux, ni inférieurs de trop peu aux écrivains anciens ; bien plus, vous les trouverez si éloignés d'eux que vous n'oserez point les mettre de leur nombre. Je ne veux pas nommer un à un les écrivains grecs et latins les plus excellents, car je n'en viendrais pas à bout en un mois, mais je me contenterai maintenant de ces deux paires-là. Trouvera-t-on en aucune autre langue quelqu'un qui soit leur pareil ? Pour parler de moi : je ne suis jamais si chagrin et si triste que, à lire leurs vers et leurs discours, je ne retrouve la gaieté. Tous les autres plaisirs, tous les autres agréments, les fêtes jeux musiques et chants, viennent loin derrière celui-là. Et l'on ne doit pas s'en étonner, parce que les autres sont récréations du corps et celle-ci, de l'âme. D'où il s'ensuit qu'autant l'intellect est plus noble que les sens, autant cet agrément est supérieur et mieux reçu de nous que tous les autres.

COURTISAN. Je crois volontiers ce que vous dites, parce que chaque fois que je lis quelque nouvelle de notre Boccace, qui certes est homme de moindre renom que ne l'est Cicéron, je me sens tout changé, surtout quand je lis celles de Rustico et d'Alibech, d'Alatiel, de Péronnelle et autres semblables, qui commandent les sentiments du lecteur et le font agir à leur guise. Pour toutes ces raisons, je ne dirais pas que l'on doive argumenter sur l'excellence de quelque langue que ce soit ; bien plutôt croirai-je que c'est la nature des choses représentées qui a la vertu de transmuer le corps et l'esprit du lecteur[12].

ci fanno diversi per eccellenzia dalle barbare e dalle irrazionali creature. E è ben dritto ; conciosia cosa che tra' poeti volgari niuno ve n'abbia il quale a giudicio di Fiorentini possa agguagliarsi a Virgilio né ad Omero, né tra gli oratori a Demostene o a Marco Tullio. Lodate quanto volete il Petrarca e il Boccaccio, voi non sarete sì arditi che né eguali però né inferiori troppo vicini gli facciate agli antichi ; anzi da loro tanto lontani li troverete che tra quelli non sarete osi d'annoverargli. Ora non voglio nominar d'uno in uno i scrittori greci e latini di grande eccellenza, ch'io non ne verrei a capo in un mese ; ma son contento di queste due coppie. Troverassi a costoro in altra lingua alcun pare ? Dirò di me : mai non sono di sì rea voglia e sì tristo che, leggendo i lor versi e l'orazioni, non mi rallegri. Tutti gl'altri piaceri, tutti gl'altri diletti, feste, giochi, suoni, canti vanno dietro a quest'uno. Né dee uomo meravigliarsene, peroché gl'altri solazzi sono del corpo e questo è dell'animo. Onde quanto è più nobile cosa l'intelletto del senso tanto è maggiore e più grato questo diletto di tutti gli altri.

CORTEGIANO. Ben vi credo ciò che dicete ; peroché qualunche volta io leggo alcune novelle del nostro Boccaccio, uomo certamente di minor fama che Cicerone non è, io mi sento tutto cangiare, massimamente leggendo quella di Rustico e d'Alibech, d'Alathiel, di Peronella e altre cotali le quali governano i sentimenti di chi le legge e fanno fargli a lor modo. Per tutto ciò io non direi dover uomo arguire l'eccellenzia d'alcuna lingua ; più tosto credo la natura delle cose descritte avere vertù d'immutare il corpo e la mente di chi legge.

BEMBO. Certes non ; reste que c'est la faconde qui est la seule ou la principale cause qui opère en nous de si admirables effets. Et que cela soit vrai, lisez Virgile en vulgaire, Homère en latin, Boccace autrement qu'en toscan, ils n'opéreront pas de tels miracles. Donc messire Lazzaro dit vrai, lorsqu'il place dans les langues la cause de ces effets ; pour autant, ses raisons ne prouvent pas que l'on ne doive point apprendre d'autre langue que la latine et la grecque. Parce que si notre vulgaire n'est pas à ce jour pourvu d'aussi nobles auteurs, il n'est certainement pas impossible qu'il en compte tôt ou tard d'à peine moins excellents que Virgile et Homère, qui soient, veux-je dire, à la langue vulgaire ce que ceux-là sont à la grecque et à la latine.

LAZZARO. S'il arrive un jour que la langue vulgaire ait ses Cicéron, ses Virgile, ses Homère et ses Démosthène, alors je serai d'avis qu'elle doive être apprise comme l'est à présent la latine où la grecque. Mais cela ne sera jamais ; tant il est vrai que la langue ne le souffre pas, barbare comme elle l'est, et incapable de nombre et d'ornement. Car si ces quatre-là, pour ne parler que d'eux, renaissaient une autre fois, et qu'avec le même génie et la même industrie qu'ils mirent à composer poésies et discours, ils parlassent et écrivissent en vulgaire, ils ne seraient pas dignes de la réputation qu'ils ont. Ne voyez-vous pas que cette pauvre langue a des noms non déclinables, des verbes sans conjugaison et sans participe[13], et que pour finir il n'y a rien de bon en elle ? Et pour cause assurément ; tant il est vrai que, à ce que j'en entends dire par ses tenants, sa perfection propre consiste à s'éloigner de la latine, où toutes les parties du discours sont entières et complètes. Car si l'on manquait d'une raison de la blâmer, ce premier principe qui est le sien, qui est de s'écarter de la latine, est raison démonstrative

BEMBO. Questo no, ma la facondia è sola o principale cagione di far in noi così mirabili effetti. E ch'egli sia il vero, leggete Virgilio volgare, latino Omero e il Boccaccio non toscano, e non faranno questi miracoli. Dunque messer Lazaro dice il vero, quando di tali effetti pone la cagion nelle lingue ; non prova per questo la sua ragione non si dover imparar altra lingua che latina e greca. Peroché se la nostra volgare oggidì non è dotata di così nobili auttori, già non è cosa impossibile che ella n'abbia, quando che sia, poco meno eccellenti di Virgilio e d'Omero, ciò è che tali siano nella lingua volgare, quali sono costoro nella greca e nella latina.

LAZARO. Quando egli avverrà che la lingua volgare abbia i suoi Ciceroni, i suoi Virgilii, i suoi Omeri e i suoi Demosteni, allora consiglierò che ella sia cosa da imparare come è ora la latina e la greca. Ma questo mai non sarà ; conciosia cosa che la lingua non lo patisce per esser barbara, sì come ella è, e non capace né di numero né di ornamento. Ché se que' quattro, non che altri, rinascessero un'altra volta e con l'ingegno e con la industria medesima, con la quale latinamente poetarono e orarono, parlassero e scrivessero volgarmente, essi non sarebbero degni del nome loro. Non vedete voi questa povera lingua avere i nomi non declinabili, i verbi senza coniugazione e senza participio e tutta finalmente senza nissuna bontà ? E meritamente per certo ; conciosia cosa che, per quello che io n'oda dire da' suoi seguaci, la sua propria perfezzione consiste nel dilungarsi dalla latina, nella quale tutte le parti dell'orazione sono intere e perfette. Ché se ragione mancasse di biasmarla, questo suo primo principio, ciò è scostarsi dalla latina, è ragione dimostrativa

de sa dépravation. Mais quoi ? on voit sur son front qu'elle a reçu son origine et son accroissement des barbares, et principalement de ceux qui haïrent le plus les Romains, à savoir les Français et les Provençaux, desquels elle a dérivé non seulement ses noms, ses verbes et ses adverbes, mais l'art même du discours et de la poésie[14]. Oh, le glorieux langage que voilà ! Nommez-le comme vous voudrez, pourvu que vous ne l'appeliez pas italien, dès lors qu'il nous est venu d'outre la mer et d'au delà des Alpes, qui enserrent l'Italie : car ce n'est certes pas la gloire des seuls Français que de l'avoir inventé et accru ; mais depuis le déclin de l'empire de Rome jusqu'à présent, jamais ne vint en Italie nation, aussi barbare et si dépourvue d'humanité fût-elle, Huns, Goths, Vandales, Longobards, qui n'y laissât en manière de trophée quelques-uns de ses noms ou de ses verbes les plus élégants[15]. Dirons-nous qu'à parler en vulgaire il puisse naître un Cicéron ou un Virgile ? À vrai dire, même si cette langue était une colonie de la latine, je n'oserais l'affirmer ; je le dirai encore moins dès lors qu'elle est une confusion indistincte de toutes les barbaries du monde. C'est un chaos dans lequel je prie Dieu qu'il envoie une nouvelle fois la division ; et que celle-ci séparant les paroles les unes des autres et renvoyant chacune dans sa propre région, il reste en fin de compte à cette pauvre Italie son idiome premier, pour lequel elle ne fut pas moins révérée des autres provinces, que redoutée pour ses armes. Quant à moi, à vrai dire, j'ai peu lu de ces choses en vulgaire, et il me semble avoir fort gagné en manquant à les étudier, car il vaut mieux ne les point savoir que les savoir ; mais autant de fois pour mon malheur en ai-je vu quelqu'une, autant de fois j'ai en moi-même pleuré sur notre misère, considérant à part moi quelle a été jadis et quelle est à présent la langue dans laquelle nous parlons et écrivons. Eh bien, verrons-nous jamais un Cicéron ou un Virgile toscan ? Ils renaîtront

della sua pravità. Ma che ? ella mostra nella sua
fronte d'aver avuto la origine e l'accrescimento da'
barbari, e da quelli principalmente che più odiarono
li Romani, cioè da' Francesi e da' Provenzali, da'
quali non pur i nomi, i verbi e gli adverbi di lei, ma
l'arte ancora dell'orare e del poetare sì si derivò. Oh
glorioso linguaggio! Nominatelo come vi piace, solo
che *italiano* non lo chiamate, essendo venuto tra noi
d'oltre il mare e di là dall'Alpi, onde è chiusa l'Italia :
ché già non è propria di Francesi la gloria che stati
ne siano inventori e accrescitori ; ma dall'inclinazione dell'imperio di Roma in qua mai non venne
in Italia nazione nissuna sì barbara e così priva d'u-
manità, Unni, Gotti, Vandali, Longobardi, ch'a guisa
di trofeo non vi lasciasse alcun nome o alcun verbo
d'i più eleganti ch'ella abbia. E noi diremo che volgarmente parlando possa nascere Cicerone o
Virgilio ? Veramente se questa lingua fosse colonia
della latina, non oserei confessarlo ; molto meno il
dirò, essendo lei una indistinta confusione di tutte
le barbarie del mondo. Nel quale caos prego Dio che
mandi ancora la sua discordia ; la quale, separando
una parola dall'altra e ogn'una di loro mandando alla
propria sua regione, finalmente rimanga a questa povera Italia il suo primo idioma, per lo quale non meno
fu riverita dalle altre province, che temuta per le armi.
Io veramente poco ho letto di queste cose volgari, e
guadagnato parmi d'avere assai in perdere di stu-
diarle, ché egli è meglio non le sapere che saperle ;
ma quante volte per mia disgrazia n'ho alcuna ve-
duta, altretante meco medesimo ho lagrimato la nostra miseria, pensando fra me quale fu già e quale è
ora la lingua onde parliamo e scriviamo. E noi vedremo giamai Cicerone o Virgilio toscano ? Più tosto

esclavons avant qu'italiens en vulgaire : à moins que l'on ne les nomme ainsi par jeu, à la manière dont les esclaves élisent leur roi et les prisonniers leur podestat. Mais quelque façon de Virgile ou de Cicéron, les Turcs et les Mores peuvent l'avoir dans leurs langues ; ainsi, parlant une fois avec un de mes amis, qui s'entendait bien à la langue arabique, je me rappelle l'avoir entendu dire qu'Avicenne avait composé nombre d'œuvres que l'on reconnaissait pour siennes non pas tant à l'invention des choses qu'au style, dans lequel il surpassait de loin tous les autres écrivains de cette langue, excepté celui de l'Alcoran. Donc, de même que selon proportion Avicenne pourrait être dit le Marcus Tullius des Arabes, de même je reconnais que pourrait naître et même que pourrait être déjà né et peut-être mort le Virgile vulgaire : mais je dis bien qu'un tel Virgile est un Virgile en effigie. Mais le bon et vrai Virgile, auquel, laissant là les chimères, on devrait s'attacher[16], appartient à la langue latine, comme à la grecque Homère ; et agissant autrement, nous nous trouvons dans une condition pire que les gens d'outre-monts, qui exaltent et révèrent au plus haut point notre langue latine et en apprennent autant qu'ils peuvent y employer leur esprit ; lequel, s'il était chez eux à la hauteur de leur désir, doterait en peu de temps, j'en suis sûr, la Germanie et la Gaule de nombre de vrais Virgile. Mais nous autres, qui sommes ses concitoyens – la faute et la honte à notre peu de jugement – non seulement nous n'honorons pas la langue latine, mais à la manière des séditieux nous travaillons sans trêve à la chasser de sa patrie et à installer à sa place cette autre dont (pour ne pas dire pis) on ne sait ni la patrie ni le nom[17].

Courtisan. Il me semble, messire Lazzaro, que vos raisons veulent persuader de ne jamais parler en vulgaire ; cela ne se peut faire, sauf à édifier une nouvelle cité, qu'habiteraient les lettrés, et où l'on ne parlerait que latin.

rinasceranno Schiavoni che Italiani volgari ; salvo se
per gioco non si dirà in quel modo che i servi fanno
il lor re e i prigionieri lor podestà. Ma tal Virgilio e
tal Cicerone, Mori e Turchi possono aver nelle lor lingue ; però parlando una volta con un mio amico, che
molto ben s'intendea della lingua arabesca, mi ricordo
udir dire che Avicenna avea composte di molte opere,
le quali si conoscevano esser sue non tanto all'invenzione delle cose quanto allo stile, nel quale di gran
lunga avanzava tutti gl'altri scrittori di quella lingua,
eccetto quello de l'Alcorano. Dunque come propor-
zionevolmente Avicenna si direbbe Marco Tullio fra
gli Arabi, così confesso dover nascere, anzi esser già
nato e forse morto il Virgilio volgare : ma dico bene
che tal Virgilio è un Virgilio dipinto. Ma il buono e il
vero Virgilio, il quale, lasciando l'ombre da canto,
doverebbe l'uomo abbracciare, ha la lingua latina,
come la greca ha l'Omero ; e facendo altramente siamo
a peggior condizione che non sono gli oltramontani,
li quali essaltano e riveriscono sommamente la nostra
lingua latina e tanto ne apprendono quanto possono
adoprar l'ingegno ; il quale, se pare in loro fosse al
disio, mi rendo certo che di breve la Germania e la
Gallia produrrèbbe di molti veri Virgilii. Ma noi altri
suoi cittadini, colpa e vergogna del nostro poco giudizio, non solamente non l'onoriamo, ma a guisa di
persone sediziose tuttavia procuriamo di cacciarla della
sua patria e in suo luoco far sedere quest'altra, della
quale (per non dir peggio) non si sa né patria né nome.

CORTEGIANO. A me pare, messer Lazaro, che le
vostre ragioni persuadano altrui a non parlar mai
volgarmente ; la qual cosa non si può fare, salvo
se non si fabricasse una nuova città, la quale
abitassero i litterati, ove non si parlasse se non latino.

Mais ici à Bologne, celui qui ne parlerait pas en vulgaire
ne trouverait pas qui l'entendît et aurait l'air d'un pédant,
qui avec les artisans jouerait les Cicéron hors de propos.

LAZZARO. Bien au contraire, de même que dans les
greniers des riches il se trouve des grains de toute espèce,
orge, millet, froment et autres semblables céréales, dont
les unes servent de nourriture aux hommes, les autres aux
bêtes de la maison, de même je veux qu'on parle
différemment, tantôt en latin, tantôt en vulgaire, où et
quand il en est besoin. Si donc un homme est sur une
place, à la campagne ou chez lui, avec le vulgaire, avec les
paysans, avec les serviteurs, qu'il parle en vulgaire et non
autrement ; mais dans les écoles de doctrine et parmi les
doctes, où nous pouvons et devons être hommes, que
soit humain, c'est-à-dire latin, notre discours. Et qu'on en
dise autant de l'écriture, que la nécessité fera vulgaire, mais
latine l'élection, surtout lorsque nous écrivons quoi que
ce soit par désir de la gloire, que peut malaisément nous
donner cette langue qui est née et s'est accrue avec notre
infortune, et qui se maintient encore dans notre ruine.

BEMBO. Vous accusez trop âprement cette langue
innocente, que vous semblez avoir beaucoup plus en
aversion que vous n'aimez la latine et la grecque. C'est
qu'en effet, là où vous nous aviez promis de louer celles-
ci principalement et, le cas échéant, de vilipender parfois
la toscane, voilà que vous avez fait le contraire : celles-
là, vous ne les avez point louées, et celle-ci, vous nous la
blâmez farouchement, et certainement à grand tort, parce
qu'elle n'est pas du tout aussi barbare ni aussi dépourvue
de nombre et d'harmonie que vous nous l'avez dépeinte.
Car si son origine a été barbare dans les débuts, pourquoi
ne voulez-vous pas qu'en l'espace de quatre ou cinq cents
ans elle ait acquis droit de cité en Italie ? Certainement,
qu'elle l'a acquis ; autrement les Romains eux-mêmes,
qui, chassés de Phrygie, vinrent habiter en Italie, seraient

Ma qui in Bologna chi non parlasse volgare, non arebbe chi l'intendesse e parrebbe un pedante, il quale con gli artigiani facesse il Tullio fuor di proposito.

LAZARO. Anzi, voglio che così come per li granari di questi ricchi sono grani d'ogni maniera, orzo, miglio, frumento e altre biade sì fatte, delle quali altre mangiano gl'uomini, altre le bestie di quella casa ; così si parli diversamente or latino, or volgare, ove e quando è mestieri. Onde se l'uomo è in piazza, in villa o in casa, col vulgo, co' contadini, co' servi, parli volgare e non altramente ; ma nelle scole delle dottrine e tra i dotti, ove possiamo e debbiamo esser uomini, sia umano, cioè latino, il ragionamento. E altrettanto sia detto della scrittura, la quale farà volgar la necessità, ma la elezzione latina, massimamente quando alcuna cosa scrivemo per disiderio di gloria, la quale mal ci pò dar quella lingua che nacque e crebbe con la nostra calamità, e tuttavia si conserva con la ruina di noi.

BEMBO. Troppo aspramente accusate questa innocente lingua, la quale pare che molto più vi sia in odio che non amate la latina e la greca. Peroché ove ci avevate promesso di lodar quelle principalmente e la toscana alcuna volta, venendo il caso, vituperare, ora avete fatto in contrario : quelle non avete lodato e questa una fieramente ci biasimate, e per certo a gran torto, peroché ella non è punto sì barbara né sì priva di numero e d'armonia, come la ci avete dipinta. Ché se la origine di lei fu barbara da principio, non volete voi che in ispazio di quattrocento o cinquecento anni sia divenuta cittadina d'Italia ? Per certo sì ; altramente li Romani medesimi, li quali di Frigia cacciati vennero ad abitare in Italia, sarebbero

des Barbares ; leurs personnes, leurs mœurs et leur langue seraient barbares[18] ; l'Italie, la Grèce et toute autre province, aussi paisible et humaine fût-elle, pourrait être dite barbare, si l'origine des choses suffisait à leur valoir cette dénomination infamante. J'affirme donc que notre langue maternelle est un certain assemblage, non point confus mais réglé, de quantité de vocables variés, noms, verbes et autres parties du discours ; ceux-ci, en un premier temps, furent recueillis avec dévotion et art par nos aïeux auprès des diverses nations étrangères disséminées en Italie, et par eux composés en une seule prononciation, une seule norme, un seul ordre, de telle sorte qu'ils en formèrent cette langue, qui aujourd'hui nous est propre et n'appartient à personne d'autre ; ils ont imité en cela notre mère nature, qui de quatre éléments fort différents entre eux par la qualité et le site nous a formés, nous autres, plus parfaits et plus nobles que ne le sont ces éléments. Imaginez, messire Lazzaro, que vous voyiez l'autorité, la dignité, les richesses, la doctrine et pour finir les personnes et la langue de l'Italie au pouvoir des Barbares, de telle sorte qu'il soit presque impossible de la tirer de leurs mains : est-ce que vous ne voudrez pas vivre en ce monde ? commercer ? étudier ? parler, vous-même et vos enfants ? Mais, laissant de côté le reste, parlerez-vous latin, c'est-à-dire de façon telle que les Bolonais ne vous entendent point, ou parlerez-vous de sorte qu'on vous entende et vous réponde ? Donc, autrefois parler en vulgaire était une contrainte en Italie, mais avec le temps l'homme (comme on dit)[19] a fait de cette contrainte et de cette nécessité l'art et l'industrie de sa langue. Et de même qu'au commencement du monde les hommes se défendaient des bêtes féroces en fuyant et en les tuant sans plus, et qu'aujourd'hui, allant plus loin pour le bien-être et l'ornement du corps, nous nous vêtons de leurs peaux, de même au début, à seule

barbari ; le persone, i costumi e la lingua loro sarebbe
barbara ; l'Italia, la Grecia e ogni altra provincia,
quantunque mansueta e umana, si potrebbe dir
barbara, se l'origine delle cose fosse bastante di recar
loro questa infame denominazione. Confesso
adunque la lingua nostra materna essere una certa
adunanza non confusa ma regolata di molte e diverse
voci, nomi, verbi e altre parti d'orazione ; le quali
primieramente da strane e varie nazioni in Italia
disseminate, pia e artificiosa cura de' nostri
progenitori insieme raccolse e ad un suono, ad una
norma, ad un ordine sì fattamente compose che essi
ne formarono quella lingua, la quale ora è propria
nostra, e non d'altri ; imitando in questo la madre
nostra Natura, la quale di quattro elementi diversi
molto fra loro per qualità e per sito ci ha formati
noi altri più perfetti e più nobili che gli elementi non
sono. Imaginatevi, messer Lazaro, di vedere
l'imperio, la degnità, le ricchezze, le dottrine e
finalmente le persone e la lingua d'Italia in forza de'
barbari in maniera che il trarla lor de le mani sia
cosa quasi impossibile : voi non vorrete vivere al
mondo ? mercantare ? studiare ? parlare voi e vostri
figliuoli ? Ma lasciando da parte l'altre cose, parlarete
latino, cioè in guisa che non v'intendano i Bolognesi,
o parlarete in maniera che altri intenda e risponda ?
Dunque una volta il parlar volgarmente era forza in
Italia, ma in processo di tempo fece l'uomo (come
si dice) di quella forza e necessità l'arte e l'industria
della sua lingua. E così come nel principio del
mondo gli uomini dalle fere si difendevano fuggendo
e uccidendo senza altro, or passando più oltre a
benefizio e ornamento della persona ci vestiamo
delle lor pelli ; così da prima, a fine solamente

fin d'être entendus de ceux qui régnaient, nous parlions en vulgaire, et maintenant pour notre agrément et pour assurer la mémoire de notre nom nous parlons et écrivons en vulgaire. Oh, il vaudrait mieux discourir en latin, je ne le nie pas ; mais il vaudrait mieux encore que les Barbares n'eussent jamais pris ni détruit l'Italie, et que l'empire de Rome eût duré éternellement. Et donc, puisqu'il en est autrement, que doit-on faire ? Voudrons-nous mourir de douleur ? Demeurer muets ? Et ne parler jamais, tant que ne renaîtront Cicéron et Virgile ? Les maisons, les temples et enfin tous les produits modernes de l'art, les dessins, les portraits gravés sur le métal et sculptés dans le marbre ne peuvent s'égaler à ceux des anciens : devons-nous pour autant habiter au milieu des bois ? Ne point peindre, ne point fondre, ne point sculpter, ne point sacrifier, ne point adorer Dieu ? Il suffit, mon cher messire Lazzaro, que l'homme fasse ce qu'il sait et peut faire, et se contente de ses forces. Je conseille donc à chacun et l'exhorte à apprendre la langue grecque et la latine, à s'attacher à elles, à les chérir, et avec leur aide, à mettre son étude à se rendre immortel. Mais le Seigneur Dieu n'a pas donné également en partage à tout le monde le génie et le temps. Je vous dirai plus : soit quelqu'un à qui d'aventure ne feront défaut ni les dons naturels ni l'industrie, et qui néanmoins sera, comme par l'influence des astres, enclin à parler et écrire mieux en vulgaire qu'en latin sur un sujet et une matière donnés. Que doit-il donc faire ? Que cela soit vrai, voyez les écrits latins de Pétrarque et de Boccace, et comparez-les aux vulgaires : vous jugerez qu'il n'est rien de pire que ceux-là, rien de meilleur que ceux-ci[20]. Donc, derechef je vous conseille, messire Lazzaro, et vous exhorte à écrire et parler en latin, comme il sied à un homme qui écrit et qui parle beaucoup mieux en latin qu'il ne le fait en vulgaire[21] ; mais vous, mon gentilhomme, que la pratique de la cour ou l'inclination de

d'essere intesi da chi regnava, parlavamo volgare, ora a diletto e a memoria del nostro nome parliamo e scriviamo volgare. Oh, egli sarebbe meglio che si ragionasse latino ; non lo nego. Ma meglio sarebbe ancora che i barbari mai non avessero presa né distrutta l'Italia e che l'imperio di Roma fosse durato in eterno. Dunque sendo altramente, che si dee fare ? Vogliam morir di dolore ? Restar mutoli e non parlar mai, fin che torni a rinascere Cicerone e Virgilio ? Le case, i tempii e finalmente ogni artificio moderno, i disegni, i ritratti di metallo e di marmo non sono da esser pareggiati agli antichi : dovemo però abitare tra' boschi, non dipingere, non fundere, non isculpire, non sacrificare, non adorar Dio ? Basta a l'uomo, messer Lazaro mio caro, che egli faccia ciò che egli sa e può fare, e si contenti delle sue forze. Consiglio adunque e ammonisco ciascuno che egli impare la lingua greca e latina, quelle abbraccie, quelle abbia care, e con l'aiuto di quelle studie a farsi immortale. Ma a tutti quanti non ha partito ugualmente Domenedio né l'ingegno né 'l tempo. Più vi vo' dire : sarà alcuno per aventura, cui né natura né industria non mancherà ; nulladimeno egli serà quasi che dalle stelle inclinato a parlare e scriver meglio volgare che non latino in un soggetto e in una materia medesma. Che dee fare egli ? Che ciò sia il vero, vedete le cose latine del Petrarca e del Boccaccio, e agguagliatele alle loro volgari : di quelle niuna peggiore, di queste niuna migliore giudicarete. Dunque, da capo consiglio e ammonisco voi, messer Lazaro, scrivere e parlare latino, come quello che assai meglio scrivete e parlate latino che non volgare ; ma voi gentiluomo, il quale o la prattica della corte o l'inclinazione del vostro nascimento stringe a far

votre naissance contraint à faire autrement, je vous conseille autrement ; et autrement faisant, non seulement vous ne vivrez point privé d'honneur, mais avec d'autant plus de gloire que, écrivant et parlant bien en vulgaire, vous serez cher au moins à qui parle en vulgaire ; alors qu'écrivant et parlant en méchant latin, vous seriez vil pareillement et aux doctes et aux non-doctes[22]. Ne laissez pas l'éloquence de messire Lazzaro vous persuader de devenir muet plutôt que de composer en vulgaire, parce que, aussi bien que le vers, la prose de la langue moderne est, en certaines matières, à peine moins nombreuse et capable d'ornement que la grecque et la latine. Les vers ont leurs pieds, leur harmonie, leur mesure ; les proses leurs périodes oratoires, leurs figures et leurs élégances d'élocution, répétitions, conversions[23], complexions[24] et autres ; en cela, l'une des langues n'est peut-être pas comme vous le croyez différente de l'autre, car si les mots sont différents, l'art de les composer et de les assembler n'est qu'une seule et même chose dans la latine et dans la toscane. Si messire Lazzaro nous refusait cela, je lui demanderais : d'où vient donc que les cent nouvelles[25] ne sont point également belles, ni les sonnets de Pétrarque tous pareillement parfaits ? Certainement, il faudrait qu'il dise qu'aucun discours, qu'aucun vers toscan n'est ni plus laid ni plus beau qu'un autre, et que par conséquent Serafino[26] est l'égal de Pétrarque ; ou bien il reconnaîtrait que, parmi toutes les compositions en vulgaire, il s'en trouve telle ou telle plus ou moins élégante et ornée que d'autres : et il n'en serait pas ainsi, si elles étaient totalement dépourvues de l'art du discours ou de la poésie.

LAZZARO. Monseigneur, j'ai dénié à la langue moderne nombre, ornement et consonance, et je les lui dénie à nouveau, non par l'expérience que j'en aurais, mais par la logique ; car si un homme, sans savoir aucunement jouer du tambour ni de la trompette, à seulement les

altramente, altramente consiglio ; e facendo altramente non solamente non viverete inonorato, ma tanto più glorioso quanto scrivendo e parlando bene volgare, almeno a' volgari sarete caro ; ove malamente scrivendo e parlando latino, vile sareste a' dotti parimente e indotti. Né vi persuada l'eloquenzia di messer Lazaro più tosto a divenir mutolo che componere volgarmente, peroché così la prosa come il verso della lingua moderna è in alcune materie poco meno numerosa e di ornamenti capace della greca e della latina. I versi hanno lor piedi, lor armonia, lor numeri ; le prose il lor flusso di orazione, le lor figure e le loro eleganzie di parlare ; repetizioni, conversioni, complessioni e altre tai cose ; per le quali non è forse, come credete, diversa una lingua dall'altra, ché se le parole sono diverse, l'arte del comporle e dell'adunarle è una cosa medesma nella latina e nella toscana. Se messer Lazaro ci negasse questo, io li domanderei : onde è adunque che le cento novelle non sono belle egualmente, né i sonetti del Petrarca tutti parimente perfetti ? Certo bisognarebbe che egli dicesse niuna orazione, niun verso toscano non esser né più brutto né più bello dell'altro e per conseguente il Serafino esser eguale al Petrarca, o veramente confessarebbe fra le molte composizioni volgari alcuna più, alcuna meno elegante e ornata dell'altra trovarsi : la qual cosa non sarebbe così quando elle fossero del tutto prive dell'arte de l'orare e del poetare.

LAZARO. Monsignore, io negai la lingua moderna aver in sé numero, né ornamento, né consonanzia, e lo nego di nuovo, non per esperienzia ch'io n'abbia ma per ragione ; ché se l'uomo, senza punto saper sonare né tamburo né tromba, solo che e' gli oda

entendre une fois, peut juger d'après leur son désagréable
que ce ne sont pas là des instruments propres à l'harmonie
et à la danse, de même, en entendant et en prononçant
pour moi-même de ces mots du vulgaire, d'après le son
de chacun d'eux pris séparément, sans autrement les
composer, je comprends fort bien quel agrément peuvent
apporter aux oreilles des auditeurs les proses et les vers que
l'on en fait : il est vrai qu'un tel jugement, tous ne l'ont pas,
mais seulement ceux qui sont accoutumés à danser au
son des luths et des violes[27]. Il me souvient, étant une fois
à Venise, où venaient d'arriver certains navires turcs, d'avoir
entendu à leur bord le vacarme de force instruments, le
plus désagréable et le plus importun que j'aie jamais entendu
de ma vie ; néanmoins, pour ceux qui ne sont point
accoutumés aux délices de l'Italie, cela paraissait une douce
musique. On en peut dire tout autant du nombre dans le
discours en prose et dans le vers de cette langue. Il s'y trouve
bien parfois quelque consonance qui rend tel ou tel nombre
moins ingrat et moins laid qu'un autre ; mais c'est là, en
soi, harmonie et musique de tambours, ou plutôt
d'arquebuses et de fauconneaux, qui vous étourdit l'esprit,
le blesse et l'estropie à un point tel qu'il en perd l'aptitude
à recevoir l'impression d'un instrument plus délicat, et à
user comme il se doit de celui-ci. Par conséquent, celui qui
n'a pas le temps ou la vertu de jouer des luths et des violes
de la latine, il doit plutôt rester oisif que mettre la main aux
tambours et aux sonnailles de la vulgaire, imitant l'exemple
de Pallas qui, pour ne point se déformer le visage en en
jouant, jeta la flûte qu'elle venait d'inventer ; et elle retira
plus de gloire de la rejeter et de ne daigner l'approcher de
sa bouche, que Marsyas de profit à la ramasser et à en jouer :
car il y perdit sa peau. Il est vrai, comme vous l'avez dit,
Monseigneur, que les anciens Toscans des premiers temps
furent contraints de parler de cette manière, s'ils ne voulaient
passer toute leur vie dans le silence, et que nous autres,

una volta, per la loro spiacevolezza può giudicare quelli non essere strumenti atti a fare armonia né ballo ; così udendo e formando per me medesimo queste parole volgari, al suono di ciascuna di loro separata dall'altre, senza ch'io le compona altramente, assai bene comprendo che diletto possano recare agl'orecchi degli ascoltanti le prose e i versi che se ne fanno : vero è che questo giudicio non l'ha ogn'uno, ma coloro solamente i quali sono usati a ballare al suono dei leuti e dei violoni. E' mi ricorda, essendo una volta in Venezia, ove erano giunte alcune navi de' Turchi, udire in quelle un rumore di molti strumenti ; del quale né 'l più spiacevole né 'l più noioso non udi' mai alla vita mia ; nondimeno a coloro che non sono usi alle delizie d'Italia parea quella una dolce musica. Altrotanto si può dire della numerosità dell'orazione e del verso di questa lingua. Alcuna volta qualche consonanzia vi si ritrova che meno ingrata e men brutta fa l'una dell'altra ; ma quella in sé è armonia e musica di tamburi, anzi d'archibusi e di falconetti, che introna altrui l'intelletto e fere e stroppia sì fattamente che egli non è più atto a ricevere impressione di più delicato strumento, né secondo quello operare. Per la qual cosa chi non ha tempo o vertù di sonare i leuti e i violoni della latina, più tosto si de' stare ozioso che por mano ai tamburi e alle campane della volgare, imitando l'essempio di Pallade, la quale, per non si distorcere nella faccia sonando, gittò via la piva, di che era stata inventrice ; e fu a lei più gloria il partirla da sé e non degnar d'appressarlasi alla sua bocca che non fu utile a Marsia il ricoglierla e sonarla ; onde ne perdette la pelle. Vero diceste, Monsignore, que' primi antichi Toscani essere stati sforzati a parlare in questa maniera, non volendo con silenzio trapassar la lor vita, e che

leurs descendants, avons fait de cette contrainte notre vertu. Cela est vrai, mais cette violence leur donne plus grand mérite que ne nous en apporte notre vertu. Ce leur fut source de gloire d'être diligents dans leurs misères, mais à nous autres c'est source de blâme et de mépris, maintenant que nous sommes libres, que de donner asile et longuement conserver un témoignage perpétuel de notre honte, et non seulement de le nourrir, mais de l'orner, puisque cette langue vulgaire n'est rien d'autre qu'un indice manifeste de la servitude des Italiens. Votre République, une fois qu'elle était en guerre, et qu'elle n'avait pas suffisamment d'or et d'argent pour payer ses soldats, fit, à ce qu'on dit, frapper une grande quantité de deniers de cuir bouilli au coin de saint Marc, et grâce à ceux-ci elle soutint les dépenses de la guerre et la gagna : et ce fut là sagesse de la part des Vénitiens. Mais si en temps de paix ils avaient continué à dépenser cette monnaie et à la faire de jour en jour plus belle et de meilleur cuir, alors certes la sagesse se fût convertie en avarice. Or donc, s'il y avait quelqu'un, méprisant l'or et l'argent, pour faire trésor de cuir, ne serait-ce pas là un fou ? si, en vérité. Mais nous autres que, le trésor latin venant à manquer, notre infortune a conduits à nous pourvoir d'une monnaie vulgaire, il ne nous suffit pas de continuer à la dépenser avec le vulgaire, qui n'en connaît ni n'en fait sonner nulle autre, mais, alors que nous avons eu l'heur de recouvrer nos richesses perdues, nous la conservons toujours et, dans le secret de notre âme, où nous avions accoutumé de serrer l'or et l'argent de Rome, nous donnons asile aux reliques de toute la barbarie du monde.

Courtisan. Il me semble à moi, messire Lazzaro, que ce n'est là ni louer la langue latine, ni vilipender la vulgaire, mais plutôt certaine façon de déplorer la ruine de l'Italie : chose aussi peu fructueuse qu'éloignée de notre propos, dont je vous vois mal volontiers vous écarter.

noi altri posteriori abbiamo fatto dell'altrui forza nostra virtù. Questo è vero, ma maggior laude dà altrui quella violenzia che a noi non reca questa vertù. Gloria fu a loro l'esser solerti nelle miserie, ma biasmo e scorno è a noi altri, ora che liberi semo, il dar ricetto e conservare lungamente un perpetuo testimonio della nostra vergogna, e quello non solamente nudrire ma ornare ; altro non essendo questa lingua volgare che uno indizio dimostrativo della servitù degl'Italiani. Guerreggiando una volta la vostra Republica, e non le bastando l'oro e l'argento a pagare i soldati, fece (come si dice) stampare gran quantità di denari di cuoio cotto col conio di San Marco ; e con quelli sostentò e vinse la guerra : e fu sapienzia veneziana questa. Ma se a tempo di pace avessero continuato a spendere questa moneta e a farla di giorno in giorno più bella e di miglior corame, già sarebbe convertita in avarizia la sapienzia. Ora, se alcuno ci avesse il quale, sprezzato l'oro e l'argento, facesse del cuoio tesoro, non sarebbe egli pazzo costui ? sì, veramente. Ma noi altri cui, mancando il tesoro latino, la nostra calamità fece provedere di moneta volgare, quella non ci basta di spendere tuttavia col volgo, che altra non ne conosce né tocca, ma, venutone fatto di ricovrar le perdute ricchezze, lei tuttavia conserviamo e nei secreti dell'anima nostra, ove solevamo serrar l'oro e l'argento di Roma, diamo ricetto alle reliquie di tutta la barbarie del mondo.

CORTEGIANO. A me pare, messer Lazaro, che questo non sia né lodar la lingua latina, né vituperar la volgare, ma più tosto un certo lamentarsi della ruina d'Italia ; la qual cosa come è poco fruttuosa, così è molto discosta dal nostro proponimento ; onde non vi vedo partir volentieri.

LAZZARO. Il vous semble donc que le blâme soit mince, quand j'associe sa naissance à la destruction de l'empire et du nom latin ? et son accroissement à la défaillance de notre intellect ? Ce n'est certes pas de cette manière que vous me louerez si vous voulez me faire plaisir[28].

COURTISAN. Je ne vois point là matière à blâme, mais bien plutôt à étonnement : car ce doit être un bien grand sujet que celui dont on ne peut parler en passant sous silence la ruine de Rome, qui fut la tête du monde ! Et que cela soit vrai, mettons que ce ne soient pas les Barbares mais les Grecs qui l'eussent défaite, et que depuis lors les Italiens parlassent en athénien, est-ce que vous blâmeriez la langue attique, au motif que l'usage de celle-ci serait associé à notre servitude ?

LAZZARO. S'il en eût été ainsi, l'Italie n'eût pas été ravagée mais réformée, et alors non seulement je ne blâmerais point la décomposition de cet empire , mais je louerais Dieu d'avoir voulu l'orner d'un langage séant à sa dignité.

COURTISAN. C'est donc un plus grand dommage d'avoir perdu sa langue que sa liberté ?

LAZZARO. Oui, sans aucun doute, parce que, de quelque condition que soit l'homme, ou libre ou servile, il reste toujours un homme, et ne dure pas plus que ne dure un homme ; mais la langue latine a la vertu de rendre les hommes des dieux, et les morts, et non seulement les mortels que nous sommes, de les rendre immortels par le renom. Et que cela soit vrai, l'empire de Rome, qui s'étendit par tout le monde, est certes anéanti, mais la mémoire de sa grandeur, conservée dans les histoires de Salluste et de Tite-Live, dure encore et durera tant que le ciel sera en mouvement ; et on peut en dire autant de l'empire et de la langue des Grecs.

COURTISAN. Cette vertu de rendre les hommes fameux pour de longs siècles, l'histoire grecque ou latine ne l'a pas, à ce que je crois, en tant que grecque ou latine, mais

LAZARO. Parvi che 'l biasmo sia poco, quando io congiungo il nascimento di lei alla destruzzione dell'imperio e del nome latino ? e l'accrescimento di lei al mancamento del nostro intelletto ? Già me non laudarete in questa maniera, per farmi piacere.

CORTEGIANO. Ciò non giudico biasimo ma meraviglia più tosto, ché gran cosa dee esser quella, di cui non può l'uomo parlare, tacendo la roina di Roma che fu capo del mondo! E che questo sia vero, poniamo che non i barbari ma i Greci l'avessero disfatta e che da indi in qua parlassero ateniese gl'Italiani, voi biasimareste la lingua attica, peroché l'uso di lei fosse congiunto alla servitù nostra ?

LAZARO. Se ciò stato fosse, non sarebbe suta guasta ma riformata l'Italia, per che non solamente non biasimerei il disfacimento di questo imperio, ma lodarei Dio, che lui avesse voluto ornare di linguaggio convenevole alla sua dignità.

CORTEGIANO. Dunque, maggiore è il danno d'aver perduta la lingua che la libertà ?

LAZARO. Sì, senza dubio, peroché in qualunche stato sia l'uomo, o franco o soggetto, sempremai è uomo, né dura più d'uomo ; ma la lingua latina ha vertù di fare d'uomini dèi e di morti, non che di mortali che siamo, immortali per fama. E che ciò sia vero, l'imperio romano, che si distese per tutto, è già guasto, ma la memoria della grandezza di lui, conservata nell'istorie di Salustio e di Livio, dura ancora e durerà fin che 'l cielo si moverà ; e altrotanto si può dire dell'imperio e della lingua de' Greci.

CORTEGIANO. Questa vertù di far le persone famose per molti seculi non l'ha, che io creda, la istoria greca e latina come greca e latina, ma come istoria che

en tant qu'elle est histoire ; cette dernière, en quelque idiome qu'elle soit écrite et par qui que ce soit, reste toujours, comme on l'a dit, témoignage du temps, lumière de la vérité, vie de la mémoire, maîtresse de vie et renouvellement des choses anciennes[29].

LAZZARO. Ce que vous dites est vrai, que cette vertu n'est pas le propre des histoires grecques et latines, sans parler d'autres langues qui pourraient en avoir leur part ; mais, étant donné que toutes les histoires grecques et latines n'ont pas eu ce même privilège, seules l'ont eu celles qui furent composées avec art par quelque homme doué d'éloquence, lorsque ces deux langues étaient dans leur perfection. C'est pourquoi les annales de Rome, qui sans ornement aucun, en termes simples et encore grossiers, en narraient les événements, n'ont pas duré bien des années ; et l'on ne parlerait point d'elles si tel autre écrivain, comme ému de compassion, ne les eût mentionnées[30]. Si donc le temps les a réduites à rien, elles qui devaient avoir bien de l'élégance, étant écrites en latin, qu'en sera-t-il dès lors des histoires en vulgaire, auxquelles aucune douceur naturelle dans la langue ni aucun art d'éloquence chez les écrivains ne peut jamais donner ni prix ni grâce ?

COURTISAN. Je n'entends toujours pas très bien en quoi peut consister la suavité de la langue et des paroles latines, et la barbarie déplaisante de celles du vulgaire ; et même, pour vous avouer librement mon ignorance, un très grand nombre des noms et des participes latins, avec leur prononciation étrange, prennent dans ma tête je ne sais quelle résonance de bergamasque[31] ; tout comme, ordinairement, certains modes et temps des verbes : un mot d'une des langues vulgaires qui leur ressemblerait, notre Cour de Rome ne daignerait pas le proférer.

LAZZARO. Je vous rappelle, mon gentilhomme, que l'autorité consistoriale n'est pas juge compétent du son et des accents des mots latins, d'où il s'ensuit que si la

ella è ; la quale, in qualunche idioma sia scritta da
alcuno, è sempremai (come alcun dice) testimonio
del tempo, luce della verità, vita della memoria,
maestra della vita d'altrui e rinovellamento
dell'antichità.

LAZARO. Voi dite il vero, non esser propria questa
vertù dell'istorie grece e latine, non che altra lingua
ne sia partecipe ; ma percioché tutte l'istorie grece
e latine non hanno avuto tal privilegio, ma quelle
solamente le quali artificiosamente compose alcuno
uomo eloquente, sendo perfette quelle due lingue.
Onde gli annali di Roma, li quali senza alcuno
ornamento, con semplici e ancora rozze parole,
narravano gl'avenimenti di lei, non durarono molti
anni ; né di loro si parlarebbe, se altro scrittore, quasi
da compassione mosso, non ne facesse parola.
Dunque, se quelli il tempo ha fatto divenir nulla, li
quali assai dovevano aver d'eleganzia, essendo scritti
latinamente, or che fia dell'istorie volgari, cui né
naturale dolcezza di lingua né artificiosa eloquenzia
di scrittori non può far care né graziose giamai ?

CORTEGIANO. Non intendo ancora ben bene in
che cosa consista la soavità della lingua e delle parole
latine, e la barbarica spiacevolezza delle volgari ;
anzi, confessandovi liberamente la mia ignoranzia,
grandissimo numero de' nomi e participii latini con
loro strana prononziazione le più volte mi suonano
non so che bergamasco nel capo ; altrotanto sogliono
fare alcuni modi e tempi de' verbi ; alle quali parole
una simile delle volgari la nostra Corte Romana non
degnerebbe di proferire.

LAZARO. Io vi ricordo, gentil uomo, che l'auttorità
concistoriale non è giudice competente del suono
e degl'accenti delle parole latine ; onde se alcuna

langue latine vous paraît parfois tenir du bergamasque, ce n'est point pour autant du bergamasque ; et ce n'est pas parce qu'elle est jugée telle que vous devez vous étonner plus que ne vous êtes étonné en lisant dans Ovide que le roi Midas avait coutume de louer davantage le sifflement des roseaux de Pan que la suavité de la lyre d'Apollon.

COURTISAN. Tenez, je consens à vous avouer qu'en la matière mes oreilles ne sont pas celles d'un homme mais d'un âne, si vous me dites pour quelle raison le nombre et la consonance des discours et des vers de cette langue ont été appelés par vous musique d'arquebuses, tant il est vrai que les grands maîtres de chant, dont la profession propre est l'harmonie, ne composent que rarement ou jamais un chant ou un motet dont les paroles ne soient celles de sonnets ou de chansons en vulgaire. C'est bien là le signe que nos vers sont par eux-mêmes pleins de mélodie.

LAZZARO. Sauf que, mon gentilhomme, contrairement à ce que vous pensez peut-être, l'harmonie du chant et celle de la prose et des vers ne sont pas une seule et unique chose, elles sont multiples et différentes ; c'est pourquoi non seulement des écrits en vulgaire, mais aussi des *kyrie* et des *sanctus* on fait des chants et des motets, dont l'harmonie est généralement comprise de toutes les oreilles : en effet, ce que sont les saveurs à la langue, et aux yeux et au nez les couleurs et les odeurs, le son l'est aux oreilles des hommes, qui de par leur nature et sans étude aucune facilement distinguent entre le plaisant et le déplaisant. Mais le nombre et l'harmonie du discours et du vers latin n'est rien d'autre qu'une artificieuse disposition de mots dont les syllabes, selon leur brièveté ou leur longueur, engendrent certains nombres, que nous autres appelons pieds, selon lesquels marchent en mesure, du commencement jusqu'à la fin, le vers et le discours. Ces pieds sont de différentes sortes et font des pas longs ou courts, tardifs ou véloces, chacun

volta la lingua latina le pare tener della bergamasca, ella non è però bergamasca ; né perché tale sia giudicata più vi dovete meravigliare che già vi siate meravigliato, avendo letto in Ovidio Mida Re più solere lodare lo stridere delle cannucce di Pan che la soavità della cetra d'Apollo.

CORTEGIANO. Ecco, io son contento di confessarvi che le mie orecchie in tal caso non siano umane ma d'asino, se voi mi dite per qual cagione la numerosità e consonanzia dell'orazioni e de' versi di questa lingua chiamaste musica d'archibusi, conciosia cosa che i gran maestri di canto, cui è propria professione l'armonia, rade volte o non mai fanno canto o mottetto che le parole di lui non siano sonetti o canzoni volgari. Questo è pur segno che i nostri versi son da sé pieni di melodia.

LAZARO. Già non è, gentil uomo (come forse pensate), l'armonia del canto e quella delle prose e de' versi una cosa medesima, ma molte sono e diverse ; onde non solamente delle cose volgari ma de' *chirie* ancora e dei *santus* si fanno canti e mottetti, della cui armonia generalmente s'intende ogni orecchia ; peroché quali sono i sapori alla lingua, e agl'occhi e al naso i colori e gl'odori, tale è il suono agl'orecchi degl'uomini, li quali per lor natura e senza studio veruno facilmente discernono tra 'l piacevole e 'l dispiacevole. Ma il numero e l'armonia dell'orazione e del verso latino non è altro che artificiosa disposizione di parole, dalle cui sillabe, secondo la brevità e la lunghezza di quelle, nascono alcuni numeri, che noi altri chiamiamo *piedi* ; onde misuratamente camina dal principio alla fine il verso e l'orazione. E sono di diverse maniere questi tai piedi, facendo i lor passi lunghi e corti, tardi e veloci,

à sa manière, et c'est un bel art que de les assembler de telle façon qu'ils ne discordent point entre eux, mais que l'un avec l'autre et tous ensemble ils se conforment au sujet ; et ce parce que certains vers sont quasiment particuliers à certaines matières, et parmi ces pieds, les uns bien, les autres plus mal s'assortissent à leur parcours, et quiconque les conjoint au hasard, sans égard ni pour leur nature ni pour les choses dont il entend traiter, ses vers et ses discours naissent boiteux, et il ne devrait pas les nourrir. Une telle mélodie échappe aux oreilles du vulgaire, et elle ne peut pas non plus être formée par les mots de la langue vulgaire, dont je ne saurais dire pour quelle raison on y qualifie la prose de nombreuse, si on n'y perçoit ou ne se soucie ni de spondées ni de dactyles ni de trochées ni d'anapestes, et pour finir d'aucun de ces pieds sur lesquels avance un discours bien réglé. À vrai dire, cette étrange bête qu'est la prose vulgaire, ou bien est dépourvue de pieds et rampe à la manière d'un serpent, ou bien elle possède ceux d'une espèce bien différente de la grecque et de la latine ; et par voie de conséquence, d'un tel animal, comme d'un monstre créé au hasard, hors de l'usage et de l'intention de tout intellect sain, on ne devrait faire ni art ni science. Les vers, à dire vrai, en tant qu'ils sont faits de onze syllabes, ne paraissent pas totalement dépourvus de pieds, puisque les syllabes y tiennent lieu et office de pieds ; mais en tant que celles-ci peuvent être à volonté longues ou brèves, je ne dirai jamais que leur chemin soit droit, sauf si Monseigneur disait que les rimes sont le support des vers, et qu'elles les soutiennent et les font aller droit. Chose qui ne me paraît point vraie, car, à ce que je peux en entendre dire, les rimes sont pour le sonnet et la chanson plutôt des chaînes que les pieds et les mains de leurs vers.

ciascheduno al suo modo. E è bell'arte quelli insieme adunare sì fattamente che non discordino fra sé stessi, ma l'uno all'altro e tutti insieme siano conformi al soggetto ; peroché d'alcune materie alcuni piedi sono quasi peculiari, e fra lor piedi quali meglio, quali peggio s'accompagnano al loro viaggio, e qualunche persona quelli a caso congiugne, non avendo riguardo né alla natura di quelli né alle cose di che intende di ragionare, i versi e l'orazioni sue nascono zoppe, e non dovrebbe nutrirgli. E di questa cotal melodia non ne sono capaci gl'orecchi del vulgo, né lei altresì possono formare le voci della lingua volgare, la cui prosa io non so dire per qual ragione sia numerosa chiamata, se l'uomo in lei o non s'accorge o non cura né di spondei né di dattili né di trochei né d'anapesti e finalmente di niuna maniera di piedi, onde si move l'orazione ben regolata. Veramente questa nuova bestia di prosa volgare o è senza piedi e sdrucciola a guisa di biscia o ha quelli di specie diversa molto dalla greca e dalla latina ; e per conseguente di così fatto animale, come di mostro a caso creato oltra il costume e l'intenzione d'ogni buono intelletto, non si dovrebbe fare né arte né scienzia. I versi veramente, in quanto son fatti d'undici sillabe, non paiono in tutto privi di piedi, ché le sillabe in loro hanno luogo e officio di piedi ; ma in quanto quelle cotali possono esser lunghe e brevi a lor voglia, mai non dirò che sia diritto il lor calle, salvo se Monsignor non dicesse le rime esser l'appoggio de' versi, che gli sostengono e fanno andare dirittamente. La qual cosa non mi par vera, peroché, per quello ch'io n'oda dire, le rime sono più tosto come catena al sonetto e alla canzone che piedi o mani d'i versi loro. E tanto

Et c'est tout ce que je veux en dire, brièvement certes par rapport à ce dont on peut discuter à ce sujet, mais suffisamment eu égard à votre requête, et trop peut-être eu égard à la présence de Monseigneur, qui mieux que moi connaît et peut énumérer les défauts de cette langue[32].

BEMBO. Cette question du nombre, comment elle se pose, si en toscan la prose autant que le vers en contient sa part, et dans quelle mesure, comme il est fort aisé de la tirer au clair mais qu'elle est éloignée de notre propos, je n'entends pas pour l'heure en disputer avec vous ; et même, en admettant pour vrai ce que vous en avez dit, non point tant parce que ce serait vrai que parce qu'on voit bien ce qui en découlerait[33], je vous dis que cette langue moderne, bien qu'elle soit déjà quelque peu ancienne, reste encore une tige fort courte et menue, qui n'a ni pleinement fleuri ni produit les fruits qu'elle peut porter : et ce n'est certes pas en raison d'un défaut de sa nature, car elle est tout autant que les autres apte à engendrer, et au contraire, bien par la faute de ceux qui l'ont eue en garde, et qui ne l'ont pas cultivée à suffisance, mais, à la façon d'une plante sauvage, dans le désert même où par elle-même elle avait pris naissance, l'ont laissée, sans jamais ni l'arroser, ni la tailler, ni la défendre des ronces qui lui font ombre, vieillir et presque mourir[34]. Et si les anciens Romains des premiers temps eussent été aussi négligents dans la culture de la langue latine, quand elle commença à croître et multiplier, elle ne serait à coup sûr pas devenue aussi grande en aussi peu de temps ; mais en bons agriculteurs qu'ils étaient, pour commencer ils la transplantèrent de son lieu sauvage en un lieu domestique ; ensuite, afin qu'elle portât des fruits et plus précoces et plus beaux et plus gros, l'élaguant de ses frondaisons inutiles, ils y greffèrent à la place quelques rameaux magistralement tirés de la langue grecque ;

voglio che ne sia detto da me, brevemente certo per rispetto a quello che se ne può ragionare, ma a bastanza, se alla vostra richiesta, e troppo forse, se alla presenza di Monsignore si riguarderà, il quale meglio di me conosce e può numerare i difetti di questa lingua.

BEMBO. Questa cosa d'i numeri come si stia e se così la prosa come il verso toscano n'ha la sua parte e in che modo la si abbia, per essere assai facile da vedere ma lontana dal nostro proponimento, ora con esso voi non intendo di disputarla ; anzi confessando quello esser vero, che ne diceste, non tanto perché sia vero quanto perché si veda ciò che ne segue, io vi dico questa lingua moderna, tutto che sia attempatetta che no, esser però ancora assai picciola e sottile verga, la quale non ha appieno fiorito, non che frutti produtti che ella può fare : certo non per difetto della natura di lei, essendo così atta a generar come le altre, ma per colpa di loro che l'ebbero in guardia, che non la coltivorno a bastanza, ma a guisa di pianta selvaggia, in quel medesimo deserto ove per sé a nascere cominciò, senza mai né adacquarla né potarla né difenderla dai pruni che le fanno ombra, l'hanno lasciata invecchiare e quasi morire. E se que' primi antichi Romani fossero stati sì negligenti in coltivare la latina quando a pullular cominciò, per certo in sì poco tempo non sarebbe divenuta sì grande ; ma essi, a guisa di ottimi agricoltori, lei primieramente tramutarono da luogo selvaggio a domestico ; poi, perché e più tosto e più belli e maggior frutti facesse, levandole via d'attorno le inutili frasche, in loro scambio l'innestarono d'alcuni ramuscelli maestrevolmente detratti dalla greca ;

lesquels tout aussitôt prirent et se firent pareils au tronc, tant et si bien qu'aujourd'hui ils ont l'air de branches non point adoptives, mais naturelles. De là naquirent dans cette langue ces fleurs et ces fruits si colorés de l'éloquence, gouvernés par ce nombre et cet ordre même que vous exaltez si fort, et que toute langue, non point tant de par sa nature qu'aidée par l'art humain, produit ordinairement[35]. En effet, le nombre, né du magistère de Thrasymaque, de Gorgias, de Théodore, fut finalement porté à la perfection par Isocrate[36]. Donc, si les Grecs et les Latins, plus empressés à la culture de leur langue que nous à celle de la nôtre, n'y trouvèrent qu'après un certain temps et beaucoup d'efforts de la grâce et du nombre, il n'y a certes pas à s'étonner que nous non plus n'en ayons pas à suffisance dans notre langue vulgaire : aussi ne doit-on pas en tirer argument pour la mépriser comme chose vile et de peu de prix[37]. Oh, la latine est meilleure, de beaucoup ! Oh, combien il vaudrait mieux dire : *fut* et non point *est*, mais qu'elle a eu par le passé et continue encore d'avoir tant de noblesse ! Un temps viendra peut-être où la langue vulgaire sera douée d'une égale excellence ; en effet, si, du fait qu'à ce jour elle n'a nulle dignité et qu'elle est moins bien reçue, on devait la mépriser, alors la grecque, qui était déjà grande à la naissance de la latine, n'aurait pas dû, dans notre esprit, laisser une langue nouvelle prendre racine ; et j'en dirais autant de la grecque eu égard à l'hébraïque[38]. Finalement on en viendrait à conclure de vos prémisses qu'il ne devrait y avoir au monde qu'une seule et unique langue, au moyen de laquelle écriraient et parleraient les mortels ; et il en résulterait qu'alors que vous croiriez argumenter contre la seule langue toscane et l'extirper du monde avec vos bonnes raisons, vous plaideriez également contre la latine et la grecque. Encore que cette attaque ne se porterait pas seulement contre les langages

li quali subitamente in guisa le s'appiccarono e in guisa si ferno simili al tronco, che oggimai non paiono rami adottivi ma naturali. Quindi nacquero in lei que' fiori e que' frutti sì coloriti dell'eloquenzia, con quel numero e con quell'ordine istesso il quale tanto essaltate ; li quali, non tanto per sua natura quanto d'altrui artificio aiutata, suol produrre ogni lingua. Peroché 'l numero, nato per magistero di Trasimaco, di Gorgia, di Teodoro, Isocrate finalmente fece perfetto. Dunque se greci e latini uomini, più solleciti alla coltura della lor lingua che noi non semo alla nostra, non trovarono in quelle, se non dopo alcun tempo e dopo molta fatica, né leggiadria né numero, già non de' parer meraviglia, se noi ancora non n'avemo tanto che basti nella volgare ; né quindi de' prender uomo argumento a sprezzarla come vil cosa e da poco. Oh, la latina è migliore d'assai! Oh, quanto sarebbe meglio dir fu e non è, ma sia stata per lo passato e sia ancor tuttavia sì gentil cosa! Tempo forse verrà che d'altra tanta eccellenzia fia la volgare dotata ; ché se, per essere a' nostri giorni di niuno stato e men gradita, non si dovesse apprezzare, la greca, la quale era già grande sul nascimento della latina, ne' nostri animi non dovea lasciar fermare le radici d'un'altra lingua novella ; e altrettanto direi della greca, per rispetto alla ebrea : concluderebbesi finalmente dalle vostre premisse dover essere al mondo sola una lingua, e non più, onde scrivessero e parlassero li mortali ; e avverebbe che ove voi credereste d'argumentar solamente contra la lingua toscana, e quella con vostre ragioni estirpare del mondo, voi parlareste eziandio contra la latina e la greca. Benché questa pugna si estenderebbe non solamente contra i linguaggi del

de ce monde, mais contre Dieu, lequel *ab eterno* donna
pour loi immuable à toute chose créée de ne point durer
éternellement, mais de se transmuer continûment d'un
état à un autre, tantôt grandissant et tantôt diminuant,
jusqu'à finir une bonne fois, pour ne plus jamais par la
suite se renouveler. Vous me direz : la perfection de votre
langue maternelle tarde trop désormais à venir ; et moi
je vous dis qu'il en est comme vous dites ; mais un tel
retard ne doit pas faire croire qu'il soit impossible qu'elle
devienne parfaite ; au contraire, il peut vous donner la
certitude qu'elle jouira longtemps de sa perfection, dès
lors qu'il adviendra qu'elle l'ait acquise. Ainsi en effet
le veut la nature, laquelle a délibéré que l'arbre qui naît,
fleurit et fructifie de bonne heure, vieillisse et meure de
bonne heure ; et à l'inverse, que celui-là dure de longues
années, qui aura peiné un très long temps à pousser ses
feuilles[39]. Notre langue sera donc, en conservant dûment
sa perfection longuement désirée et recherchée, peut-être
semblable à de certains esprits qui, d'autant moins
facilement ils apprennent les doctrines, d'autant plus
difficilement ils les laissent sortir de leur mémoire. Oh,
elle est le témoignage de notre honte, pour être venue en
Italie en même temps que la ruine de celle-ci ! Ou plutôt
elle est le témoignage de notre diligence et de notre
hardiesse ; car, de même qu'Énée, venant de Troie en
Italie, se fit un honneur de laisser écrit, sur certain trophée
qu'il avait dressé, que ces armes avaient été celles des
vainqueurs de sa patrie[40], de même ce ne peut nous être
une honte que d'avoir en Italie telle chose enlevée des
mains de ceux qui nous ont enlevé la liberté. Je dirais, au
bout du compte, si je voulais être malveillant, que devrait
être adoré des peuples plutôt le soleil levant que le
couchant. Que la langue grecque et latine sont déjà
parvenues à leur crépuscule, qu'elles ne sont plus langues,
mais seulement encre et papier ; combien, cela étant, il

mondo, ma contra Dio, il quale *ab eterno* diede per legge immutabile ad ogni cosa criata non durare eternamente, ma di continuo d'uno in altro stato mutarsi, ora avanzando e ora diminuendo, finché finisca una volta, per mai più poscia non rinovarsi. Voi mi direte : troppo indugia oggimai la perfezzione della lingua materna ; e io vi dico che così è come dite ; ma tale indugio non dee far credere altrui esser cosa impossibile che ella divenga perfetta ; anzi vi può far certo lei doversi lungo tempo godere la sua perfezzione, qualora egli avverrà ch'ella se l'abbia acquistata. Ché così vuol la natura la quale ha diliberato che qual arbor tosto nasce, fiorisce e fa frutto, tale tosto invecchie e si muoia ; e in contrario che quello duri per molti anni, il quale lunga stagione arà penato a far fronde. Sarà adunque la nostra lingua, in conservarsi la sua dovuta perfezzione lungamente disiderata e cercata, simile forse ad alcuni ingegni, li quali, quanto men facilmente apprendono le dottrine, tanto difficilmente le si lasciano uscire della memoria. Oh, ella è testimonio della nostra vergogna, essendo venuta in Italia insieme con la roina di lei! Più tosto ella è testimonio della nostra solerzia e del nostro buono ardimento ; ché, così come, venendo Enea da Troia in Italia, ad onor si recò lasciare scritto in un certo trofeo drizzato da lui, quelle essere state l'armi de' vincitori della sua patria ; così vergogna non ci può essere l'aver cosa in Italia tolta di mano a coloro che noi tolsero di libertà. Direi, finalmente, quando esser volessi maligno, più tosto doversi adorar dalle genti il sole oriente che l'occidente. La lingua greca e latina già esser giunte all'occaso, né quelle esser più lingue, ma carta solamente e inchiostro, ove quanto sia

est difficile d'apprendre à les parler, dites-le à ma place, vous qui n'osez rien dire en latin avec d'autres mots que ceux de Cicéron. Aussi tout ce que vous dites et écrivez en latin n'est-il rien d'autre que Cicéron transposé de papier à papier plutôt que de matière à matière ; encore que cela n'est pas plus votre péché que ce n'est le mien et celui de beaucoup d'autres plus grands et meilleurs que moi ; péché, partant, non indigne d'excuse, puisqu'on ne peut faire autrement. Mais ces quelques mots que j'ai dits contre la langue latine et en faveur de la vulgaire, je ne les ai pas dits pour affirmer une vérité ; j'ai seulement voulu montrer comment cette langue nouvelle serait efficacement défendue par qui voudrait prendre sa défense, dès lors qu'elle ne manque ni de cœur ni d'armes pour affronter les autres.

COURTISAN. Il me semble, Monseigneur, que vous craignez autant de dire du mal de la langue latine, que si c'était la langue de votre Saint de Padoue[41] ; elle lui est si pareille que, de même que celle-ci appartint à une personne vivante, dont la sainteté est cause qu'aujourd'hui, déposée dans un tabernacle de cristal, elle est adorée des gens, de même cette digne relique de Rome, la tête du monde depuis longtemps déjà gâtée et corrompue, bien qu'elle se taise désormais, froide et desséchée, est néanmoins faite l'idole de quelques rares personnes superstitieuses, qui ne tiennent pas pour chrétien celui qui ne l'adore point pour son dieu[42]. Mais adorez-la à votre gré, pourvu que vous ne vous en serviez pas pour parler ; et si vous voulez la garder dans votre bouche, toute morte qu'elle est, qu'il vous soit permis de le faire ; mais parlez entre vous les doctes avec vos paroles latines mortes, et nous les idiots, laissez-nous en paix parler avec nos paroles vulgaires vivantes, en nous servant de la langue que Dieu nous a donnée.

difficile cosa l'imparare a parlare, ditelo voi per me, che non osate dir cosa latinamente con altre parole che con quelle di Cicerone. Onde, quanto parlate e scrivete latino non è altro che Cicerone trasposto più tosto da carta a carta che da materia a materia ; benché questo non è sì vostro peccato che egli non sia anche mio e d'altri assai e maggiori e migliori di me ; peccato però non indegno di scusa, non possendo farsi altramente. Ma queste poche parole dette da me contra la lingua latina per la volgare non dissi per vero dire ; solo volsi mostrare quanto bene difenderebbe questa lingua novella, chi per lei far volesse difesa, quando a lei non manca né core né armi d'offendere l'altrui.

CORTEGIANO. Parmi, Monsignor, che così temiate di dir male della lingua latina, come se ella fosse la lingua del vostro Santo da Padova ; alla quale è di tanto conforme che, come quella fu di persona già viva, la cui santità è cagione che ora, posta in un tabernacolo di cristallo, sia dalle genti adorata, così questa degna reliquia del capo del mondo Roma, guasto e corrotto già molto tempo, quantunque oggimai fredda e secca si taccia, nondimeno fatta idolo d'alcune poche e superstiziose persone, colui da loro non è cristiano tenuto, che non l'adora per dio. Ma adoratela a vostro senno, solo che non parliate con esso lei ; e volendo tenerla in bocca, così morta come è, siavi lecito di poterlo fare ; ma parlate tra voi dotti le vostre morte latine parole, e a noi idioti le nostre vive volgari, con la lingua che Dio ci diede, lasciate in pace parlare.

Bembo. Vous auriez dû, pour l'égaler parfaitement à la langue de quelque saint, ajouter que les discours de Cicéron et les vers de Virgile lui sont de dignes et très précieux tabernacles, d'où il s'ensuit que nous la révérons et saluons à l'égal d'une chose sacrée. Mais pour sûr, ni l'une ni l'autre langue ne méritait que vous la teniez pour morte, puisque pour nos corps et nos âmes la première est toujours source de salut, et la seconde de vertu. Cela dit, je loue suprêmement notre langue vulgaire, toscane veux-je dire, afin que nul n'entende par là la vulgaire de toute l'Italie : j'appelle toscane, non la moderne dont use le vulgaire aujourd'hui, mais l'ancienne, dans laquelle si doucement parlèrent Pétrarque et Boccace ; car la langue de Dante sent bien souvent plus le lombard que le toscan ; et là où c'est du toscan, c'est plutôt du toscan de la campagne que de la ville[43]. Donc c'est de celle-là que je parle, celle-là que je loue, celle-là que je vous exhorte à apprendre ; encore qu'elle ne soit point parvenue à sa vraie perfection, néanmoins elle s'en est approchée au point qu'il n'y manque que peu de temps : et quand elle y sera arrivée, je ne doute aucunement que, tout autant que la grecque et la latine, elle aura en elle la vertu de faire vivre l'homme admirablement après la mort. Et alors, oui, nous lui verrons édifier de nombreux, non point tabernacles, mais temples et autels, auxquels accourra pour les visiter, de toutes les parties du monde, une brigade d'esprits pèlerins, qui lui adresseront des vœux et seront par elle exaucés.

Courtisan. Donc, si je veux écrire bien en vulgaire, il me faudra naître une autre fois, et toscan ?

Bembo. Naître non, mais étudier le toscan ; car il vaut mieux d'aventure naître lombard que florentin, parce que l'usage du parler toscan est aujourd'hui si contraire aux règles de la bonne langue toscane, qu'il nuit plus à quelqu'un d'être natif de cette province que cela ne lui profite.

BEMBO. Dovevate, per agguagliarla compitamente alla lingua di qualche santo, soggiungere qualmente l'orazioni di Cicerone e i versi di Virgilio le sono degni e preziosissimi tabernacoli ; onde lei come cosa beata riveriamo e inchiniamo. Ma per certo né l'una né l'altra non meritava che la teneste per morta, operando tutt'ora ne' corpi nostri e nell'anime quella salute, questa virtute. Con tutto ciò lodo somma-mente la nostra lingua volgare, cioè toscana ; accioché non sia alcuno che intenda della volgare di tutta Italia : toscana dico, non la moderna che usa il vulgo oggidì, ma l'antica, onde sì dolcemente parlorno il Petrarca e il Boccaccio ; ché la lingua di Dante sente bene e spesso più del iombardo che del toscano ; e ove è toscano, è più tosto toscano di contado che di città. Dunque di quella parlo, quella lodo, quella vi persùado apparare ; quantun-que ella non sia giunta alla sua vera perfezzione, ella nondimeno le è già venuta sì presso che poco tempo vi è a volgere : ove poi che arrivata sarà, non dubito punto che, quale è nella greca e nella latina, tale fia in lei virtù di far vivere altrui mirabilmente dopo la morte. E allora sì le vedremo noi fare di molti, non tabernacoli, ma tempii e altari, alla cui visita-zione concorrerà da tutte le parti del mondo brigata di spiriti pellegrini, che le faranno lor voti e saranno esauditi da lei.

CORTEGIANO. Dunque, se io vorrò bene scrivere volgarmente, converrami tornare a nascer toscano ?

BEMBO. Nascer no, ma studiar toscano ; ché egli è meglio per aventura nascer lombardo che fiorentino, peroché l'uso del parlar tosco oggidì è tanto contrario alle regole della buona toscana, che più noce altrui l'esser natio di quella provincia, che non gli giova.

COURTISAN. Donc, une même personne ne peut être toscane à la fois de par la nature et de par l'art ?

BEMBO. Difficilement sans aucun doute, puisque l'usage, qui au fil du temps se convertit presque en nature, est en tout point différent de l'art. Aussi, de même qu'un juif ou un hérétique devient rarement un bon chrétien, et que celui-là croit plus en le Christ, qui ne croyait en rien quand il fut baptisé, de même quiconque n'est pas né toscan peut mieux apprendre la bonne langue toscane que ne le fait celui qui depuis l'enfance a de tout temps parlé un toscan perverti[44].

COURTISAN. Moi, qui aucunement ne suis né toscan ni ne l'ai étudié, je peux malaisément répondre à ce que vous dites ; néanmoins, il me semble que le parler florentin moderne s'accorde mieux à votre Boccace que ne le fait le bergamasque. Aussi se pourrait-il fort bien qu'un homme né à Milan, sans avoir jamais parlé à la manière lombarde, apprît les règles de la bonne langue toscane mieux que ne le ferait le Florentin d'origine ; mais qu'il naisse et parle lombard aujourd'hui et dès demain matin parle et écrive selon les règles en toscan, mieux et plus facilement que les Toscans eux-mêmes, voilà qui ne peut m'entrer dans la tête ; autrement, dans les temps anciens, pour parler bien grec et latin, il aurait mieux valu naître espagnol que romain, et macédonien qu'athénien.

BEMBO. Cela non, parce que la langue grecque et la latine en leur temps étaient chez tous également pures et non contaminées par la barbarie des autres langues, et le peuple parlait sur les places aussi bien que les doctes discouraient dans leurs écoles. C'est pourquoi on lit que Théophraste, qui fut un des flambeaux de l'éloquence grecque, se trouvant à Athènes, fut à son parler reconnu comme étranger par une pauvre bonne femme de la campagne[45].

CORTEGIANO. Dunque, una persona medesma non può esser tosca per natura e per arte ?

BEMBO. Difficilmente, per certo ; essendo l'usanza, che per lunghezza di tempo è quasi convertita in natura, diversa in tutto dall'arte. Onde, come chi è giudeo o eretico, rade volte diviene buon cristiano, e più crede in Cristo chi nulla credeva quando fu battezzato ; così qualunche non è nato toscano può meglio imparare la buona lingua toscana, che colui non fa, il quale da fanciullo in su sempremai parlò perversamente toscano.

CORTEGIANO. Io, che mai non nacqui né studiai toscano, male posso rispondere alle vostre parole ; nondimeno a me pare che più si convenga col vostro Boccaccio il parlar fiorentino moderno, che non fa il bergamasco. Onde egli potrebbe esser molto bene che uomo nato in Melano, senza aver mai parlato alla maniera lombarda, meglio apprendesse le regole della buona lingua toscana, che non farebbe il fiorentino per patria ; ma che egli nasca e parle lombardo oggidì e diman da mattina parle e scriva regolatamente toscano meglio e più facilmente del toscano medesimo, non mi può entrare nel capo ; altramente al tempo antico, per bene parlare greco e latino, sarebbe stato meglio nascere spagnolo che romano, e macedone che ateniese.

BEMBO. Questo no, perché la lingua greca e latina a lor tempo erano egualmente in ogni persona pure e non contaminate dalla barbarie dell'altre lingue, e così bene si parlava dal popolo per le piazze come tra' dotti nelle lor scole si ragionava. Onde egli si legge di Teofrasto, che fu l'un de' lumi della greca eloquenzia, essendo in Atene, alle parole essere stato giudicato forestiere da una povera feminetta di contado.

COURTISAN. Quant à moi, je ne sais ce qu'il en est de cela ; mais je vous dis bien que, s'il me faut m'appliquer à l'étude de quelque langue, je voudrai apprendre la latine et la grecque plutôt que la vulgaire, que je me contente d'avoir portée en moi depuis le berceau et le maillot, sans autrement la chercher dans les proses, pas plus que dans les vers des auteurs toscans.

BEMBO. Ce faisant, vous écrirez et parlerez au hasard, et non selon raison, parce que l'Italie n'a aucune langue bien réglée, si ce n'est celle dont je vous parle[46].

COURTISAN. Au moins, je dirai ce que j'aurai dans le cœur ; et l'étude que je mettrais à enfiler les jolis mots de celui-ci et de celui-là, je la mettrai alors à trouver et disposer les conceptions de mon esprit, car c'est de là que découle la vie de l'écriture ; car je juge que nous pouvons malaisément user, pour signifier nos conceptions, d'une langue, qu'elle soit toscane ou latine, que nous apprenons et pratiquons non pas en discourant entre nous de nos vicissitudes, mais en lisant celles des autres. Cela se voit clairement de nos jours chez un jeune Padouan de l'esprit le plus noble, lequel parfois, en y mettant beaucoup d'étude, compose de certaines choses à la manière de Pétrarque et en reçoit des louanges, et dont néanmoins les sonnets et les chansons ne peuvent être comparés à ses comédies, qui dans sa langue native semblent tout naturellement et sans l'aide d'aucun art sortir de sa bouche[47]. Je ne dis pas pour autant qu'on doive écrire ni en padouan ni en bergamasque, mais en revanche je souhaite que de toutes les langues de l'Italie nous puissions accueillir des mots et certains tours et en user comme il nous plaît, faisant en sorte que le nom ne discorde point avec le verbe, ni l'adjectif avec le substantif : règle qui peut s'apprendre en trois jours, non parmi les grammairiens dans les écoles, mais dans les cours avec les gentilshommes, non en étudiant mais en

CORTEGIANO. Io per me non so come si stia questa cosa ; ma sì vi dico che, dovendo studiare in apprendere alcuna lingua, più tosto voglio imparar la latina e la greca che la volgar ; la quale mi contento d'aver portato con esso meco dalla cuna e dalle fasce, senza cercarla altramente, quando tra le prose, quando tra' versi degli auttori toscani.

BEMBO. Così facendo, voi scriverete e parlarete a caso, non per ragione ; peroché niuna altra lingua ben regolata ha l'Italia, se non quell'una di cui vi parlo.

CORTEGIANO. Almeno dirò quello che io averò in core ; e lo studio che io porrei in infilzar parolette di questo e di quello, sì lo porrò in trovare e disporre i concetti dell'animo mio, onde si deriva la vita della scrittura ; ché male giudico potersi usare da noi altri a significare i nostri concetti quella lingua, tosca o latina che ella si sia, la quale impariamo e essercitiamo non ragionando tra noi i nostri accidenti, ma leggendo gli altrui. Questo a' dì nostri chiaramente si vede in un giovane padovano di nobilissimo ingegno, il quale, benché talora, con molto studio che egli vi mette, alcuna cosa componga alla maniera del Petrarca e sia lodato dalle persone, nondimeno non sono da pareggiare i sonetti e le canzon di lui alle sue comedie, le quali nella sua lingua natia naturalmente e da niuna arte aiutate par che e' gli eschino della bocca. Non dico però che uomo scriva né padovano né bergamasco, ma voglio bene che di tutte le lingue d'Italia possiamo accogliere parole e alcun modo di dire, quello usando come a noi piace, sì fattamente che 'l nome non si discordi dal verbo, né l'adiettivo dal sostantivo : la qual regola di parlare sì può imparare in tre giorni, non tra' grammatici nelle scole ma nelle corti co' gentiluomini, non istudiando ma giuocando

s'amusant et en plaisantant, sans peine aucune, mais avec agrément pour les disciples et les précepteurs[48].

BEMBO. Ce serait une bonne chose, si une telle façon d'étude suffisait à produire des choses dignes de louange et d'admiration ; mais il serait trop aisé de se faire un renom éternel, et le nombre des bons écrivains qu'on louerait deviendrait en peu de temps bien plus grand qu'il n'est. Il faut, mon cher gentilhomme, si l'on désire voler par les mains et les bouches des hommes de ce monde, demeurer longuement assis en sa chambre ; et que celui qui, mort à lui-même, aspire à vivre dans la mémoire des hommes, sue et gèle maintes fois, et quand les autres mangent et dorment à leur aise, endure la faim et les veilles[49].

COURTISAN. Malgré tout, il ne serait pas facile d'acquérir la gloire, dès lors qu'il y faut autre chose que savoir causer. Qu'en dites-vous, messire Lazzaro ? Pour ma part je consens, si Monseigneur y consent, que votre sentence mette fin à nos disputes.

LAZZARO. Je n'en ferai rien, car je voudrais que les défenseurs de cette langue vulgaire fussent en désaccord entre eux, afin que celle-ci, à la façon d'un royaume partagé, fût plus aisément ruinée par les discordes civiles.

COURTISAN. Donc, aidez-moi contre l'opinion de Monseigneur, mû non pas seulement par l'amour de la vérité, que vous devez aimer et révérer par-dessus toutes choses, mais par votre aversion pour cette langue vulgaire, car, en triomphant de lui, vous triompherez du meilleur défenseur que la langue vulgaire ait aujourd'hui de sa dignité, et du jugement de qui le monde tire argument pour l'apprendre et en user.

LAZZARO. Combattez plutôt entre vous deux, afin qu'avec les mêmes armes que vous employez contre la latine et la grecque, votre langue vulgaire soit blessée et mise à mort.

e ridendo senza alcuna fatica, e con diletto de'
discepoli e de' precettori.

BEMBO. Bene starebbe, se questa guisa di studio
bastasse altrui a far cosa degna di laude e di
meraviglia ; ma egli sarebbe troppo leggera cosa il
farsi eterno per fama, e il numero de' buoni e lodati
scrittori in piccol tempo diventerebbe molto
maggiore, che egli non è. Bisogna, gentiluomo mio
caro, volendo andar per le mani e per le bocche delle
persone del mondo, lungo tempo sedersi nella sua
camera ; e chi, morto in sé stesso, disia di viver nella
memoria degli uomini, sudare e agghiacciar più
volte, e quando altri mangia e dorme a suo agio,
patir fame e vegghiare.

CORTEGIANO. Con tutto ciò non sarebbe facil
cosa il divenir glorioso, ove altro bisogna che saper
favellare. Che ne dite voi, messer Lazaro ? Io per
me son contento, contentandosi Monsignore, che
la vostra sentenza ponga fine alle nostre liti.

LAZARO. Cotesto non farò io, ché io vorrei che i
difensori di questa lingua volgare fossero discordi
tra loro, acciò che quella, a guisa di regno partito,
più agevolmente rovinassero le dissensioni civili.

CORTEGIANO. Dunque, aiutatemi contra
all'oppenion di Monsignore, mosso non solamente
dall'amor della verità, la quale dovete amare e riverire
sopra ogni cosa, ma dall'odio che voi portate a questa
lingua volgare, ché, vincendolo, vincerete il miglior
difensore della lingua volgare, che abbia oggidì la
sua dignità ; dal giudicio del quale prende il mondo
argumento d'impararla e usarla.

LAZARO. Combattete pur tra voi due, acciò che con
quelle armi medesme, che voi oprate contra la latina
e la greca, la vostra lingua volgare si ferisca e si estingua.

COURTISAN. Monseigneur, ce ne serait pas gloire à vous que de me vaincre, moi, combattant débile et déjà fourbu de la bataille précédemment livrée contre messire Lazzaro, et ce ne sera pas honte à moi que d'être aidé contre votre autorité et doctrine, lesquelles ensemble me font une guerre telle que je n'en connais de plus rude. Aussi, puisque messire Lazzaro ne veut point se liguer avec moi pour me défendre, je vous prie, messire Écolier, vous qui si longtemps en silence et si attentivement nous avez écoutés, si vous avez quelque arme dont vous puissiez m'aider, de consentir à la dégainer pour moi ; car du moment qu'il ne s'agit pas d'une lutte à mort, vous pouvez y entrer sans peur, vous rangeant au parti qui vous plaît le plus, encore que vous deviez plutôt vous ranger au mien, où vous êtes requis et où c'est gloire que d'être vaincu par un si digne adversaire.

ÉCOLIER. Mon gentilhomme, je n'ai point parlé jusqu'ici, parce que je ne savais pas quoi dire, l'étude des langues n'étant point ma profession ; mais j'ai écouté volontiers, désirant ardemment et espérant apprendre. Donc, si vous avez à combattre pour la défense de quelqu'une de vos positions, comme je ne puis vous aider, je vous conseille de combattre sans moi, car il vaut mieux pour vous combattre seul, qu'en la compagnie de quelqu'un d'inexpert dans les armes, qui en fléchissant dès le début de la bataille, vous donnerait lieu de craindre et de prendre la fuite.

COURTISAN. Malgré tout, si vous pouvez m'aider, car j'ai peine à croire qu'il en soit autrement, vu que vous avez été si attentif à notre controverse, aidez-moi, je vous en prie ; à moins que vous ne méprisiez un tel débat comme chose vile et de si peu de valeur que vous ne daigniez entrer sur le champ de bataille avec nous.

CORTEGIANO. Monsignore, né a voi sarebbe gloria vincer me, debole combattitore e già stanco nella battaglia dianzi avuta con messer Lazaro, né a me fia vergogna l'essere aiutato d'altrui incontra all'auttorità e dottrina vostra, le quali ambedue insieme mi danno guerra sì fattamente ch'io non conosco qual più. Per che, non volendo messer Lazaro congiurar con esso meco a difendermi, prego voi, signore Scolare, che con sì lungo silenzio e sì attentamente ci avete ascoltati, che, avendo alcuna arme con la quale voi mi possiate aiutare, siate contento di trarla fuori per me ; ché, poi che questa pugna non è mortale, potete entrarvi senza paura, accostandovi a quella parte che più vi piace, benché più tosto vi dovete accostare alla mia, ove sete richiesto e ove è gloria l'esser vinto da così degno avversario.

SCOLARE. Gentiluomo, io non parlai fin ora, peroché io non sapea che mi dire, non essendo mia professione lo studio delle lingue ; ma volentieri ascoltai bramando e sperando pur d'imparare. Dunque, avendo a combattere in difesa d'alcuna vostra sentenza, non vi possendo aiutare, io vi consiglio che senza me combattiate ; ché egl'è meglio per voi il combatter solo, che da persona accompagnato, la quale come inesperta dell'armi, cedendo in sul principio della battaglia, vi dia cagione di temere e farvi dare al fuggire.

CORTEGIANO. Con tutto ciò, se mi potete aiutare, che appena credo che sia altramente, sendo stato sì attento al nostro contrasto, aiutatemi, ché io ve ne prego ; salvo se non sprezzate tal quistione come vil cosa e di sì poco valore che non degniate di entrare in campo con esso noi.

ÉCOLIER. Comment pourrais-je ne pas daigner parler d'une matière, dont Bembo à présent, et jadis Petit-Pierre, mon précepteur, a discouru avec non moins de science que d'élégance en compagnie de messire Lascaris ? Assurément, je le daignerais, si j'en savais assez, mais je sais peu de choses en général, et des langues, rien : de la grecque je connais tout juste les lettres, et de la latine j'ai appris seulement le peu qui suffisait à me faire entendre les livres de philosophie d'Aristote, lesquels, à ce que j'en entends dire par messire Lazzaro, ne sont point latins mais barbares[50] ; de la vulgaire, je n'en parle pas, car de ces sortes de langages je n'ai jamais rien su ni ne me suis jamais soucié d'en savoir, à l'exception de mon padouan pour lequel, après le lait de ma nourrice, l'homme du commun a été mon maître.

COURTISAN. Pourtant vous aussi devrez parler, ne fût-ce que pour dire au moins ce que vous avez appris de Petit-Pierre et de Lascaris, qui avec tant de science (comme vous-même le dites) ont parlé sur cette matière.

ÉCOLIER. Bien peu de choses, du nombre infini de celles qui relèvent de cette matière, peuvent être en un jour apprises de qui ne les écoute point pour apprendre, pensant qu'il n'est pas besoin de les apprendre.

BEMBO. Dites-nous au moins le peu qui vous en resté en mémoire, car j'aimerais à l'entendre.

LAZZARO. Dans ce cas j'entendrai volontiers rapporter l'opinion de mon maître Petit-Pierre, lequel, bien qu'il ne sût aucune langue hormis la mantouane[51], néanmoins, en homme de jugement et qui d'ordinaire se trompait rarement, peut bien avoir dit avec Lascaris quelque chose qu'il me plaira d'écouter. Donc, au cas où vous vous souviendriez de quoi que ce soit, je vous prie, si cela ne vous pèse point, de nous relater quelque partie de son propos d'alors.

SCOLARE. Come non degnarei di parlar di materia, di che il Bembo al presente e altra volta il Peretto, mio precettore, insieme con messer Lascari con non minor sapienzia che eleganzia ne ragionò ? Troppo mi degnarei, se io sapessi, ma d'ogni cosa io so poco e delle lingue niente ; come quello che della greca conosco appena le lettere e della lingua latina tanto solamente imparai quanto bastasse per farmi intendere i libri di filosofia d'Aristotele ; li quali, per quello che io n'oda dire da messer Lazaro, non sono latini ma barbari ; della volgare non parlo, ché di sì fatti linguaggi mai non seppi, né mai curai di sapere, salvo il mio padovano, del quale, dopo il latte della nutrice, mi fu il vulgo maestro.

CORTEGIANO. Pur a voi converrà di parlar, se non altro quello almeno che n'apparaste dal Peretto e dal Lascari, li quali così saviamente (come voi dite) parlarono intorno a questa materia.

SCOLARE. Poche cose, delle infinite che a tal materia partengono, pò imparare in un giorno chi non le ascolta per imparare, pensando che non bisogni impararle.

BEMBO. Ditene almeno quel poco che vi rimase nella memoria, ché a me fie caro l'intenderlo.

LAZARO. Volentieri in tal caso udirò recitare l'oppenione del mio maestro Peretto ; il quale, avvegna che niuna lingua sapesse dalla mantovana infuori, nondimeno come uomo giudizioso e uso rade volte a ingannarsi ne può aver detto alcuna cosa col Lascari, che l'ascoltarla mi piacerà. Pregovi adunque che, se niente ve ne ricorda, alcuna cosa del suo passato ragionamento non vi sia grave di riferirne.

ÉCOLIER. Qu'il en soit ainsi, puisqu'il vous plaît, car je préfère être tenu pour ignorant, en parlant de ce que je ne connais pas, plutôt que discourtois en rejetant ces prières qui doivent être pour moi des commandements. Mais que cela soit à condition que, de même que ce n'est point honneur à moi que de relater les doctes propos d'autrui, de même, si je passe sous silence quelques mots qui me seraient depuis sortis de la mémoire, cela ne me soit point imputé à honte.

COURTISAN. Je souscris à toutes vos conditions, pourvu que vous parliez.

ÉCOLIER. La dernière fois que messire Lascaris revint de France en Italie, alors qu'il se trouvait à Bologne, où il séjournait volontiers, un jour que Petit-Pierre lui rendait visite, comme il avait coutume de le faire, au bout d'un moment qu'il était resté avec lui, messire Lascaris lui demanda :

LASCARIS. Votre excellence, mon cher maître Pierre, que lisez-vous cette année ?

PETIT-PIERRE. Messire, je lis les quatre livres des *Météores* d'Aristote.

LASCARIS. Je suis sûr que c'est une belle lecture que la vôtre ; mais comment en usez-vous avec les commentateurs ?

PETIT-PIERRE. Avec les latins, pas trop bien, mais un mien ami m'a procuré un Alexandre[52].

LASCARIS. C'est un bon choix que vous avez fait, parce qu'Alexandre est Aristote après Aristote. Mais je ne pensais pas que vous saviez lire le grec.

PETIT-PIERRE. Je l'ai en latin, non en grec.

LASCARIS. Vous devez en retirer peu de fruit.

PETIT-PIERRE. Pourquoi ?

LASCARIS. Parce que je juge qu'Alexandre d'Aphrodise, qui est grec, est aussi différent de lui-même quand il est mis en latin que l'est un vivant d'un mort.

SCOLARE. Così sì faccia, poi che vi piace ; ché anzi voglio esser tenuto ignorante, cosa dicendo non conosciuta da me, che discortese, rifiutando que' prieghi che deono essermi commandamenti. Ma ciò si faccia con patto che, come a me non è onore il riferirvi gli altrui dotti ragionamenti, così il tacerne alcuna parola, la quale d'allora in qua mi sia uscita della memoria, non mi sia scritto a vergogna.

CORTEGIANO. Ad ogni patto mi sottoscrivo, pur che diciate.

SCOLARE. L'ultima volta che messer Lascari venne di Francia in Italia, stando in Bologna, ove volentieri abitava, e visitandolo il Peretto, come era uso di fare, un dì tra gli altri, poi che alquanto fu dimorato con esso lui, lo dimandò messer Lascari :

LASCARI. Vostra eccellenza, maestro Piero mio caro, che legge quest'anno ?

PERETTO. Signor mio, io leggo i quattro libri della *Meteora* d'Aristotile.

LASCARI. Per certo bella lettura è la vostra ; ma come fate d'espositori ?

PERETTO. De' latini non troppo bene, ma alcun mio amico m'ha servito d'uno Alessandro.

LASCARI. Buona elezzione faceste, peroché Alessandro è Aristotile dopo Aristotile. Ma io non credeva che voi sapeste lettere grece.

PERETTO. Io l'ho latino, non greco.

LASCARI. Poco frutto dovete prenderne.

PERETTO. Perché ?

LASCARI. Perché io giudico Alessandro Afrodiseo greco, come è, tanto diverso da sé medesmo, poi che latino è ridotto, quanto è vivo da morto.

PETIT-PIERRE. Il se pourrait que ce fût vrai ; mais je n'y voyais pas de différence, et pensais au contraire pouvoir tirer autant de profit de la leçon latine ou vulgaire (si l'on trouvait Alexandre en vulgaire) que les Grecs de la grecque, et c'est dans cet espoir que je commençai à l'étudier.

LASCARIS. Il est vrai qu'il vaut mieux que vous l'ayez en latin, plutôt que vous ne l'ayez pas du tout. Mais certainement votre doctrine serait plus grande et meilleure du double de ce qu'elle est, si Aristote et Alexandre étaient lus par vous dans la langue dans laquelle l'un a écrit et l'autre l'a commenté.

PETIT-PIERRE. Pour quelle raison ?

LASCARIS. Parce que ses conceptions sont exprimées par lui plus facilement et avec une plus grande élégance de paroles dans sa langue, qu'elles ne le sont dans celle d'un autre.

PETIT-PIERRE. Vous diriez vrai peut-être si j'étais grec, comme le fut Aristote de naissance ; mais qu'un homme de Lombardie étudie le grec pour arriver à se faire plus facilement philosophe, cela me paraît déraisonnable, et même malséant, puisque cela n'amoindrit pas mais redouble l'effort d'apprendre ; pour ce que l'écolier peut mieux et plus promptement étudier la logique seule ou seulement la philosophie, qu'il ne le ferait en travaillant la grammaire, et particulièrement la grecque.

LASCARIS. Par cette même raison, vous ne deviez apprendre ni le latin ni le grec mais seulement le vulgaire mantouan, et user de celui-ci pour philosopher.

PETIT-PIERRE. Plût à Dieu, pour le bénéfice de qui viendra après moi, que quelque docte compatissant se consacrât à mettre en vulgaire tous les livres de toutes les sciences, autant qu'il en est, en grec, en latin et en hébreu : peut-être que les bons philosophes seraient en plus grand nombre et d'une plus rare excellence qu'ils ne sont aujourd'hui.

PERETTO. Questo potrebbe esser che vero fosse ; ma io non vi faceva differenzia, anzi pensava che tanto mi dovesse giovare la lezzione latina e volgare (se volgare si ritrovasse Alessandro) quanto a' Greci la greca, e con questa speranza incominciai a studiarlo.

LASCARI. Vero è che egl'è meglio che voi l'abbiate latino, che non l'abbiate del tutto. Ma per certo la vostra dottrina sarebbe il doppio e maggiore e migliore, che ella non è, se Aristotile e Alessandro fosse letto da voi in quella lingua nella quale l'uno scrisse e l'altro l'espose.

PERETTO. Per qual cagione ?

LASCARI. Percioché più facilmente e con maggiore eleganzia di parole sono espressi da lui i suoi concetti nella sua lingua che nell'altrui.

PERETTO. Vero forse direste se io fossi greco, sì come nacque Aristotile ; ma che omo lombardo studie greco per dover farsi più facilmente filosofo, mi par cosa non ragionevole, anzi disconvenevole, non iscemandosi punto ma raddoppiandosi la fatica dell'imparare ; percioché meglio e più tosto può studiar lo scolare loica sola o solamente filosofia, che non farebbe dando opera alla grammatica, spezialmente alla greca.

LASCARI. Per questa istessa ragione non dovevate imparar né latino né greco, ma solamente il volgare mantovano, e con quello filosofare.

PERETTO. Dio volesse, in servigio di chi verrà dopo me, che tutti i libri di ogni scienzia, quanti ne sono greci e latini e ebrei, alcuna dotta e pietosa persona si desse a fare volgari : forse i buoni filosofanti sarebbero in numero assai più spessi che a' dì nostri non sono, e la loro eccellenzia diventarebbe più rara.

LASCARIS. Ou je ne vous entends point, ou vous parlez par ironie.

PETIT-PIERRE. Au contraire, je parle selon vérité, et en homme affectionné à l'honneur des Italiens ; car si l'injustice de nos temps, aussi bien présents que passés, a voulu nous priver de cette grâce, Dieu me garde d'être rempli et dévoré d'envie au point de désirer en priver qui naîtra après moi.

LASCARIS. Je vous écouterai volontiers, si le cœur vous dit de me prouver cette nouvelle conclusion, car je ne l'entends point, ni ne la juge intelligible.

PETIT-PIERRE. Dites-moi tout d'abord : d'où vient que les hommes de cet âge sont, en toute science généralement, moins doctes et de moindre prix que ne le furent les Anciens ? Cela va à l'encontre de ce qui doit être, tant il est vrai que l'on peut beaucoup mieux et plus facilement ajouter quelque chose à la doctrine déjà trouvée, que la retrouver par soi-même.

LASCARIS. Que peut-on dire d'autre, sinon que nous allons de mal en pis ?

PETIT-PIERRE. Cela est vrai, mais les causes en sont nombreuses, et parmi elles, il en est une que j'ose dire la principale : c'est que nous autres modernes vivons une grande partie de notre temps inutilement, dissipant le meilleur de nos années, chose qui n'advenait point aux Anciens. Et pour définir mon propos, ma ferme opinion est que l'étude des langues grecque et latine est la cause de notre ignorance, car si le temps que nous perdons avec elles était employé par nous à apprendre la philosophie, peut-être bien que l'âge moderne engendrerait les Platon et les Aristote que produisaient les âges anciens. Mais nous, plus creux que les roseaux[53], comme si nous nous repentions d'avoir quitté le berceau et d'être devenus des hommes, retournant à l'enfance, nous ne faisons rien d'autre pendant dix ou vingt ans de notre vie qu'apprendre à parler qui le

LASCARI. O non v'intendo o voi parlate con ironia.

PERETTO. Anzi parlo per dire il vero, e come uomo tenero dell'onor degl'Italiani ; ché se l'ingiuria de' nostri tempi, così presenti come passati, volle privarmi di questa grazia, Dio mi guardi che io sia sì pieno né così arso d'invidia che io disideri di privarne chi nascerà dopo me. '

LASCARI. Volentieri v'ascolterò, se vi dà il cor di provarmi questa nuova conclusione, ché io non la intendo, né la giudico intelligibile.

PERETTO. Ditemi prima : onde è che gli uomini di questa età generalmente in ogni scienza son men dotti e di minor prezzo che già non furon gli antichi ? Il che è contra il dovere, conciosia cosa che molto meglio e più facilmente si possa aggiugnere alcuna cosa alla dottrina trovata che trovarla da sé medesimo.

LASCARI. Che si può dire altro, se non che andiamo di male in peggio ?

PERETTO. Questo è vero, ma le cagioni son molte, tra le quali una ve n'ha, e oso dire la principale : che noi altri moderni viviamo indarno gran tempo, consumando la miglior parte de' nostri anni, la qual cosa non avveniva agli antichi. E per distinguere il mio parlare, porto ferma oppenione che lo studio della lingua greca e latina sia cagione dell'ignoranzia, ché se 'l tempo, che intorno ad esse perdiamo, si spendesse da noi imparando filosofia, per avventura l'età moderna generarebbe quei Platoni e quegli Aristotili, che produceva l'antica. Ma noi vani più che le canne, pentiti quasi d'aver lasciato la cuna e esser uomini divenuti, tornati un'altra volta fanciulli, altro non facciamo diece e venti anni di questa vita che imparare a parlare

latin, qui le grec et certains (quand il plaît à Dieu) le
toscan ; ces années finies, et finies avec elles cette vigueur
et cette promptitude que par sa nature apporte
ordinairement la jeunesse à l'intellect, alors nous tâchons
à nous faire philosophes, quand nous ne sommes plus
aptes à la spéculation des choses[54]. Il en résulte que, à
suivre le jugement d'autrui, notre philosophie moderne
en vient à n'être rien d'autre qu'un portrait de l'ancienne ;
aussi, de même que le portrait, même quand il est l'œuvre
d'un peintre tout à fait maître de son art, ne peut être
totalement conforme à l'idée, de même, bien que peut-
être, pour l'élévation de l'esprit, nous ne soyons nullement
inférieurs aux Anciens, nous sommes néanmoins d'autant
plus pauvres en doctrine que nous nous sommes plus
longtemps fourvoyés à poursuivre les chimères des mots,
et pour finir nous imitons en philosophant ceux-là même
qu'en leur ajoutant quelque chose notre industrie doit
surpasser.

LASCARIS. Donc, si l'étude des deux langues nuit aussi
gravement que vous le dites, que doit-on faire ?
L'abandonner ?

PETIT-PIERRE. Aujourd'hui non, car on ne le pourrait
pas, vu que les arts et les sciences des hommes sont pour
le présent entre les mains des Latins et des Grecs[55] ; mais
nous devons faire en sorte, pour l'avenir, que de toutes
choses par le monde entier, toute langue puisse parler.

LASCARIS. Comment, maître Pierre, qu'est-ce que
vous dites là ? Donc vous auriez le cœur de philosopher
en vulgaire ? et sans avoir connaissance de la langue
grecque et latine ?

PETIT-PIERRE. Oui, Monseigneur, pourvu que les
auteurs grecs et latins fussent rendus italiens.

LASCARIS. Transporter Aristote de la langue grecque
à la lombarde, autant vaudrait transplanter un oranger
ou un olivier, d'un joli jardin bien cultivé, dans un bois

chi latino, chi greco e alcuno (come Dio vuole) toscano ; li quali anni finiti, e finito con esso loro quel vigore e quella prontezza, la quale naturalmente suol recare all'intelletto la gioventù, allora procuriamo di farci filosofi, quando non siamo atti alla speculazione delle cose. Onde, seguendo l'altrui giudicio, altra cosa non viene ad essere questa moderna filosofia che ritratto di quell'antica ; però così come il ritratto, quantunque fatto d'artificiosissimo dipintore, non può essere del tutto simile alla idea, così noi, benché forse per altezza d'ingegno non siamo punto inferiori agli antichi, nondimeno in dottrina tanto siamo minori quanto lungo tempo stati sviati dietro alle favole delle parole, coloro finalmente imitiamo filosofando, alli quali alcuna cosa aggiugnendo dee avanzare la nostra industria.

LASCARI. Dunque, se lo studio delle due lingue nuoce altrui sì malamente come voi dite, che si dee fare ? Lasciarlo ?

PERETTO. Ora no, ché non si potrebbe ; percioché l'arti e le scienzie degl'uomini sono al presente nelle mani de' latini e de' greci ; ma sì fare debbiamo per l'avenire, che d'ogni cosa per tutto 'l mondo possa parlare ogni lingua.

LASCARI. Come, maestro Piero, che è ciò che voi dite ? Dunque darebbevi il core di filosofare volgarmente ? e senza aver cognizione della lingua greca e latina ?

PERETTO. Monsignor sì, pur che gli auttori greci e latini si riducessero italiani.

LASCARI. Tanto sarebbe trasferir Aristotile di lingua greca in lombarda, quanto traspiantare un narancio o una oliva da un ben colto orticello in un bosco

plein de ronces ; sans compter que les choses de la philosophie sont un faix pour d'autres épaules que celles de la langue vulgaire.

Petit-Pierre. Je tiens pour assuré que les langues de tous les pays, aussi bien l'arabique et l'indienne que la romaine et l'athénienne, sont de même valeur et par les mortels formées à une même fin et d'un même jugement[56] ; et je ne voudrais pas que vous en parliez comme de produits de la nature, car elles sont faites et réglées par l'artifice des hommes, à leur arbitre, non point plantées ni semées ; et nous en usons comme de témoins de notre esprit, quand nous nous signifions les conceptions de notre intellect. Il s'ensuit que, bien que les créations de la nature et leurs sciences soient dans les quatre parties du monde une seule et même chose, néanmoins, parce que des hommes différents ont des vouloirs différents, pour cette raison ils écrivent et parlent différemment : et cette différence et confusion des désirs des mortels est nommée à bon droit tour de Babel. Donc, les langues ne naissent point d'elles-mêmes, à la façon d'arbres ou d'herbes, les unes infirmes et débiles en leurs espèces, les autres saines et robustes et plus aptes à porter le faix de nos conceptions humaines ; mais toute leur vertu est née au monde du vouloir des mortels[57]. C'est la raison pour laquelle, de même que sans changer de mœurs ou de nation le Français ou l'Anglais, et non seulement le Grec ou le Romain, peut s'adonner à philosopher, de même je crois que sa langue native peut transmettre parfaitement à autrui sa doctrine. Donc, traduire de nos jours la philosophie, semée par notre Aristote dans les champs fertiles d'Athènes, de la langue grecque à la vulgaire, ce ne serait pas la jeter parmi les pierres, au milieu des bois, où elle deviendrait stérile, mais ce serait la faire de lointaine proche, et d'étrangère qu'elle est, citoyenne de toutes nos provinces. De la même manière, peut-être, que les épices et autres denrées orientales que les marchands

di pruni ; oltra che le cose di filosofia sono peso d'altre spalle che da quelle di questa lingua volgare.

PERETTO. Io ho per fermo che le lingue d'ogni paese, così l'arabica e l'indiana come la romana e l'ateniese, siano d'un medesmo valore, e da' mortali ad un fine con un giudicio formate ; ché io non vorrei che voi ne parlaste come di cosa dalla natura prodotta, essendo fatte e regolate dallo artificio delle persone a bene placito loro, non piantate né seminate : le quali usiamo sì come testimoni del nostro animo, significando tra noi i concetti dell'intelletto. Onde tutto che le cose dalla natura criate e le scienzie di quelle siano in tutte quattro le parti del mondo una cosa medesma, nondimeno, perciò che diversi uomini sono di diverso volere, però scrivono e parlano diversamente ; la quale diversità e confusione delle voglie mortali degnamente è nominata torre di Babel. Dunque, non nascono le lingue per sé medesme, a guisa di alberi o d'erbe, quale debole e inferma nella sua specie, quale sana e robusta e atta meglio a portar la soma di nostri umani concetti ; ma ogni loro vertù nasce al mondo dal voler de' mortali. Per la qual cosa, così come senza mutarsi di costume o di nazione il francioso e l'inglese, non pur il greco e il romano, si può dare a filosofare ; così credo che la sua lingua natia possa altrui compitamente comunicare la sua dottrina. Dunque, traducendosi a' nostri giorni la filosofia, seminata dal nostro Aristotile ne' buoni campi d'Atene, di lingua greca in volgare, ciò sarebbe non gittarla tra' sassi, in mezo a' boschi, ove sterile divenisse, ma farebbesi di lontana propinqua e di forestiera, che ella è, cittadina d'ogni provincia ; forse in quel modo che le speziarie e l'altre cose orientali

apportent pour notre profit d'Inde en Italie, sont
d'aventure mieux connues et traitées ici qu'elles ne le
sont de ceux qui outre-mer les ont semées et récoltées ;
semblablement, les spéculations de notre Aristote nous
deviendraient plus familières qu'elles ne le sont à présent,
et seraient plus facilement entendues de nous, si quelque
docte les transportait de grec en vulgaire.

LASCARIS. Des langues différentes sont aptes à signifier
des conceptions différentes, certaines les conceptions des
doctes, d'autres celles des non-doctes. La grecque en
vérité s'accorde si bien aux doctrines qu'il semble que
pour les signifier ce soit la nature même, et non l'humaine
providence qui l'ait formée[58] : et si vous ne voulez m'en
croire, croyez-en du moins Platon, et ce qu'il en dit dans
son *Cratyle*. D'où il s'ensuit que l'on peut dire d'une telle
langue que ce que la lumière est aux couleurs, celle-ci
l'est aux diverses disciplines : sans sa lumière notre
intellect humain ne verrait rien, mais dans une perpétuelle
nuit d'ignorance demeurerait endormi.

PETIT-PIERRE. Je veux plutôt en croire Aristote et la
vérité, selon qui nulle langue au monde, quelle qu'elle soit,
ne peut avoir par elle-même le privilège de signifier les
conceptions de notre esprit, mais que tout consiste dans
l'arbitre des hommes[59]. De sorte que celui qui voudra parler
de philosophie avec des mots mantouans ou milanais, on
ne peut le lui dénier raisonnablement, pas plus qu'on ne
peut lui dénier de philosopher et d'entendre la cause
première des choses. Il est vrai que, comme le monde a
pour coutume de ne parler de philosophie qu'en grec et en
latin, nous ne croyons pas qu'il puisse faire autrement[60] ;
il découle de là que notre âge ne parle et écrit en vulgaire
que de choses viles et vulgaires. Mais de même que par
révérence ce n'est point de la main, mais avec une baguette
que nous touchons les corps et les reliques des saints[61], de
même nous tendons à signifier les sacrés mystères de

a nostro utile porta alcun mercatante d'India in Italia,
ove meglio per avventura son conosciute e trattate che
da coloro non sono, che oltra il mare le seminorno e
ricolsero. Similmente le speculazioni del nostro
Aristotile ci diverrebbono più famigliari che non sono
ora, e più facilmente sarebbero intese da noi, se di
greco in volgare alcun dotto omo le riducesse.

LASCARI. Diverse lingue sono atte a significare
diversi concetti, alcune i concetti d'i dotti, alcune
altre degl'indotti. La greca veramente tanto si
conviene con le dottrine che a dover quelle significare
natura istessa, non umano provedimento, pare che
l'abbia formata ; e se creder non mi volete, credete
almeno a Platone, mentre ne parla nel suo *Cratillo*.
Onde ei si può dir di tal lingua che, quale è il lume
a' colori, tale ella sia alle discipline : senza il cui lume
nulla vedrebbe il nostro umano intelletto, ma in
continua notte d'ignoranzia si dormirebbe.

PERETTO. Più tosto vo' credere ad Aristotile e alla
verità, che lingua alcuna del mondo (sia qual si
voglia) non possa aver da sé stessa privilegio di
significare i concetti del nostro animo, ma tutto
consista nello arbitrio delle persone. Onde chi vorrà
parlar di filosofia con parole mantovane o milanesi,
non gli può esser disdetto a ragione, più che disdetto
gli sia il filosofare e l'intender la cagion delle cose.
Vero è che, perché il mondo non ha in costume di
parlar di filosofia se non greco o latino, già crediamo
che far non possa altramente ; e quindi viene che
solamente di cose vili e volgari volgarmente parla e
scrive la nostra età. Ma come i corpi e le reliquie
di santi, non con le mani, ma con alcuna verghetta
per riverenza tocchiamo ; così i sacri misteri della

la philosophie à l'aide des lettres d'une autre langue plutôt que par la vive voix de notre langue moderne : erreur que, bien qu'elle soit reconnue de beaucoup, nul n'a la hardiesse de reprendre. Mais le temps viendra peut-être, à quelques années d'ici, où quelque personne de bien, non moins hardie qu'ingénieuse, prendra en main ce commerce, et pour faire œuvre utile, sans souci de la haine ni de l'envie des lettrés, amènera de la langue d'autrui à la nôtre les joyaux et les fruits des sciences[62], que pour le présent nous ne goûtons ni ne connaissons parfaitement.

LASCARIS. En vérité, il n'aura souci ni de renommée ni de gloire, celui qui voudra embrasser l'entreprise de transporter la philosophie de la langue d'Athènes dans la lombarde, car ce labeur ne lui procurera qu'ennui et blâme.

PETIT-PIERRE. Ennui je le reconnais, en raison de la nouveauté de la chose, mais non blâme comme vous le croyez ; car pour un qui d'abord en dira du mal, peu après mille et mille autres loueront et béniront son application ; il lui adviendra ce qui advint à Jésus Christ, lequel ayant pris sur soi de mourir pour le salut des hommes, tout d'abord outragé, blâmé et crucifié par de certains hypocrites, est maintenant, de qui le reconnaît pour notre Dieu et Sauveur, finalement vénéré et adoré.

LASCARIS. Vous avez dit tant de bien de votre brave homme que de petit marchand vous l'avez fait messie : et celui-là, Dieu veuille qu'il soit comme celui qu'attendent encore les Juifs, afin que jamais, en aucun temps, une aussi vile hérésie ne gâte la philosophie d'Aristote. Mais si vous êtes réllement d'un aussi étrange avis, que ne vous faites-vous dès aujourd'hui le rédempteur de cette langue vulgaire ?

divina filosofia più tosto con le lettere dell'altrui lingue che con la viva voce di questa nostra moderna ci moviamo a significare : il quale errore, conosciuto da molti, niuno ardisce di ripigliarlo. Ma tempo forse, pochi anni appresso, verrà che alcuna buona persona non meno ardita che ingeniosa porrà mano a così fatta mercatantia ; e per giovare alla gente, non curando dell'odio né della invidia de' litterati, condurrà d'altrui lingua alla nostra le gioie e i frutti delle scienzie : le quali ora perfettamente non gustiamo né conosciamo.

LASCARI. Veramente né di fama né di gloria si curerà chi vorrà prender la impresa di portar la filosofia dalla lingua d'Atene nella lombarda, ché tal fatica noia e biasimo gli recarà.

PERETTO. Noia confesso, per la novità della cosa, ma non biasimo, come credete ; ché per uno che da prima ne dica male, poco da poi mille e mille altri loderanno e benediranno il suo studio ; quello avvenendogli che avvenne di Gesù Cristo, il quale, togliendo di morir per la salute degli uomini, schernito primieramente, biasimato e crucifisso d'alcuni ippocriti, ora alla fine da chi 'l conosce come Iddio e Salvator nostro si riverisce e adora.

LASCARI. Tanto diceste di questo vostro buon uomo che di piccolo mercatante l'avete fatto messia ; il quale Dio voglia che sia simile a quello che ancora aspettano li Giudei, acciò che eresia così vile mai non guasti per alcun tempo la filosofia d'Aristotile. Ma se voi siete in effetto di così strano parere, ché non vi fate a' dì nostri il redentore di questa lingua volgare ?

PETIT-PIERRE. Parce que j'ai connu tardivement la vérité, et en un temps où la force de l'intellect n'est plus égale à la volonté.

LASCARIS. Je crois bien, Dieu me vienne en aide, que vous raillez ; à moins que, comme le font les malicieux, nous ne blâmiez devant moi ce que vous ne pouvez obtenir.

PETIT-PIERRE. Monseigneur, les raisons que je viens d'alléguer ne sont pas légères au point que je ne puisse les dire que par plaisanterie ; et la connaissance des langues n'est point chose si difficile qu'un homme doué d'une mémoire moins que médiocre et dépourvu de tout esprit ne puisse les apprendre : en effet, ce n'est pas seulement aux doctes, mais également aux insensés d'Athènes et de Rome qu'ordinairement Cicéron et Démosthène parlaient avec éloquence, et ils étaient entendus d'eux. Il est certain que nous passons misérablement des années et des lustres à apprendre ces deux langues, non en raison de la grandeur de l'objet mais seulement parce que nous nous tournons vers l'étude des mots, contre l'inclination naturelle de notre intellect humain, lequel, désireux de s'affermir dans la connaissance des choses, d'où dépend notre perfection, ne se satisfait point d'être dirigé ailleurs, là où à force d'orner la langue de jolis mots et de fadaises, notre esprit resterait creux. C'est donc la contradiction qui existe toujours entre la nature de l'âme et la pratique de nos études qui rend si difficile la connaissance des langues ; laquelle est véritablement digne non d'envie mais d'aversion, non d'assiduité mais de dégoût, et digne enfin d'être non pas apprise, mais reprise par tous, comme une chose qui n'est point une nourriture mais le songe et l'ombre de la véritable nourriture de l'intellect[63].

LASCARIS. Tandis que vous parliez ainsi, je m'imaginais voir la philosophie d'Aristote écrite en langue lombarde, et entendre en parler entre eux toute sorte de gens vils,

PERETTO. Perché tardi conobbi la verità, e a tempo quando la forza dell'intelletto non è eguale al volere.

LASCARI. Così Dio m'aiuti come io credo motteggiate ; salvo se, come fanno i maliziosi, quello meco non biasimate che non potete ottenere.

PERETTO. Monsignor, le ragioni dianzi addotte da me non sono lievi, che io debba dirle per ischerzare ; e non è cosa così difficile la cognizion delle lingue che uomo di meno che di mediocre memoria e senza ingegno veruno non le possa imparare, quando non pur a' dotti ma a' forsennati Ateniesi e Romani solea parlare eloquentemente Cicerone e Demostene, e era inteso da loro. Certo anni e lustri miseramente poniamo in apprender quelle due lingue, non per grandezza d'oggetto ma solamente perché allo studio delle parole contra la naturale inclinazione del nostro umano intelletto ci rivolgiamo ; il quale, disideroso di fermarsi nella cognizione delle cose onde si diventa perfetto, non contenta d'essere altrove piegato, ove, ornando la lingua di parolette e di ciance, resti vana la nostra mente. Dunque, dal contrasto che è tuttavia tra la natura dell'anima e tra 'l costume del nostro studio dipende la difficultà della cognizion delle lingue, degna veramente non d'invidia ma d'odio, non di fatica ma di fastidio, e degna finalmente di dovere essere non appresa ma ripresa dalle persone, sì come cosa la quale non è cibo ma sogno e ombra del vero cibo dell'intelletto.

LASCARI. Mentre voi parlavate così, io imaginava di vedere scritta la filosofia d'Aristotile in lingua lombarda, e udirne parlare tra loro ogni vile maniera di gente,

faquins, paysans, bateliers et autres gens de la sorte, avec
certains sons et certains accents, les plus importuns et
les plus étranges que j'eusse jamais entendu de ma vie.
Sur ce, se présentait devant moi notre mère Philosophie
elle-même, fort pauvrement vêtue de bure romagnole,
pleurant et se lamentant qu'Aristote, au mépris de son
excellence, l'eût réduite à ce point, et menaçant de ne
plus vouloir demeurer sur terre, tant ses œuvres lui
faisaient un bel honneur ; et lui, s'excusant auprès d'elle,
niait l'avoir jamais offensée, assurait l'avoir de tout temps
aimée et louée, et n'avoir jamais écrit ou parlé d'elle moins
qu'honorablement de son vivant ; qu'il était né et mort
en Grèce et non à Brescia ou Bergame, et que quiconque
voulait dire autre chose était un menteur : cette vision,
j'aurais voulu que vous y fussiez présent.

PETIT-PIERRE. Et moi, si j'eusse été là, j'aurais dit que
la philosophie ne devait point se plaindre que tous les
hommes, en tous lieux, dans toutes les langues exaltent
sa valeur ; que cela se faisait plus pour sa gloire que pour
sa honte, à elle qui, si elle ne dédaigne pas d'élire pour
demeure les intellects lombards, ne doit pas non plus
dédaigner d'être traitée dans leur langue. Que l'Inde, la
Scythie et l'Égypte, qu'elle hantait si volontiers, donnèrent
naissance à des peuples et des mots beaucoup plus
étranges et plus barbares que ne le sont aujourd'hui
mantouans et bolonais[64] ; que l'étude de la langue grecque
et latine l'a quasiment chassée de notre monde, cependant
que l'homme, sans se soucier de savoir ce qu'elle dit, a
accoutumé vainement d'apprendre à parler et, laissant
dormir son intellect, éveille et fait travailler sa langue.
Que la Nature en tout âge, en toute contrée et sous tous
ses aspects, reste toujours une seule et même chose,
laquelle, de même qu'elle exerce volontiers ses arts d'un
bout à l'autre du monde, aussi bien sur terre que dans
le ciel, et que tout appliquée qu'elle est à enfanter des

facchini, contadini, barcaroli e altre tali persone con
certi suoni e con certi accenti, i più noiosi e i più
strani che mai udissi alla vita mia. In questo mezo
mi si parava dinanzi essa madre filosofia, vestita assai
poveramente di romagnolo, piangendo e lamen-
tandosi d'Aristotile che disprezzando la sua
eccellenza l'avesse a tale condotta e minacciando di
non volere star più in terra, sì bello onore ne le era
fatto dalle sue opere ; il quale, iscusandosi con esso
lei, negava d'averla offesa giamai, sempremai averla
amata e lodata, né meno che orrevolmente averne
scritto o parlato mentre egli visse, lui esser nato e
morto greco, non bresciano né bergamasco, e
mentire chi dir volesse altramente : alla qual visione
disiderava che voi vi foste presente.

PERETTO. E io, se stato vi fossi, arei detto non
doversi la filosofia dolere perché ogni uomo, per ogni
luogo, con ogni lingua il suo valore essaltasse ; questo
farsi anzi a gloria che a vergogna di lei, la quale, se
non si sdegna d'albergare negl'intelletti lombardi,
non si dee anche sdegnare d'esser trattata dalla lor
lingua. L'India, la Scitia e l'Egitto, ove abitava sì
volentieri, produsse genti e parole molto più strane
e più barbare che non sono ora le mantovane e le
bolognesi ; lei lo studio della lingua greca e latina
aver quasi del nostro mondo cacciata, mentre
l'uomo, non curando di saper che si dica, vanamente
suole imparare a parlare e, lasciando l'intelletto
dormire, sveglia e opra la lingua. Natura in ogni età,
in ogni provincia e in ogni abito esser sempremai
una cosa medesima, la quale, così come volentieri
fa sue arti per tutto 'l mondo, non meno in terra
che in cielo, e per esser intenta alla produzzione delle

créatures douées de raison, elle n'oublie pas pour autant celles qui en sont privées, mais avec un égal artifice engendre et nous et les bêtes brutes ; de même elle est digne d'être connue et louée également par des riches et par des pauvres, par des nobles et par des gens de peu, en toute langue, grecque, latine, hébraïque et lombarde. Que les oiseaux, les poissons et les autres animaux de ce monde, de toutes les espèces, qui par un son, qui par un autre, sans les articuler en mots, signifient ce qu'ils sentent ; et que nous les hommes, chacun au moyen de sa propre langue, sans recourir à celle d'autrui, devons le faire encore beaucoup mieux. Que les écritures et les langages n'ont pas été inventés pour son salut, car (en chose divine qu'elle est) elle n'a pas besoin de notre aide, mais seulement pour notre utilité et commodité, afin qu'absents, présents, vivants et morts, manifestant l'un à l'autre les secrets de notre cœur, nous réalisions plus facilement notre bonheur, qui réside dans l'intelligence des doctrines, non dans le son des mots[65] ; et que par conséquent les mortels doivent user de la langue et de l'écriture que l'on apprend le plus aisément ; et tout comme il aurait été préférable (si cela eût été possible) d'avoir un seul langage, utilisé naturel-lement par les hommes[66], qu'il est maintenant préférable que l'homme écrive et discoure de la manière qui s'écarte le moins de la nature : la manière de discourir que nous apprenons tout juste nés, en un temps où nous ne sommes pas aptes à retenir autre chose. Et j'en aurais dit tout autant à mon maître Aristote, dont l'élégance de discours me soucierait peu, dès lors que ses livres seraient écrits hors de raison ; que la nature l'avait adopté pour fils, non parce qu'il était né à Athènes mais pour avoir bien et hautement pensé, bien parlé et bien écrit à son sujet ; que la vérité découverte par lui, la disposition et l'ordonnance des matières, la gravité et la concision du propos lui appartiennent en propre, à lui et à nul autre,

creature razionali, non si scorda delle irrazionali, ma
con eguale artificio genera noi e i bruti animali ; così
da ricchi parimente e poveri uomini, da nobili e
vili persone con ogni lingua, greca, latina, ebrea e
lombarda, degna d'essere e conosciuta e lodata. Gli
augelli, i pesci e l'altre bestie terrene d'ogni maniera,
ora con un suono, ora con altro, senza distinzione
di parole, i loro affetti significare ; molto meglio
dover ciò fare noi uomini, ciascuno con la sua lingua,
senza ricorrere all'altrui. Le scritture e i linguaggi
essere stati trovati non a salute di lei, la quale (come
divina che ella è) non ha mestieri del nostro aiuto,
ma solamente a utilità e commodità nostra, acciochè
absenti, presenti, vivi e morti, manifestando l'un
l'altro i secreti del core, più facilmente conseguiamo
la nostra propria felicità, la quale è posta nell'intelletto
delle dottrine, non nel suono delle parole ; e per
conseguente quella lingua e quella scrittura doversi
usare da' mortali, la quale con più agio apprendemo ;
e come meglio sarebbe stato (se fosse stato possibile)
l'avere un sol linguaggio, il quale naturalmente fosse
usato dagli uomini, così ora esser meglio che l'uomo
scriva e ragioni nella maniera che men si scosta dalla
natura ; la qual maniera di ragionare appena nati
impariamo e a tempo quando altra cosa non semo atti
ad apprendere. E altrotanto arei detto al mio maestro
Aristotile, della cui eleganzia d'orazione poco mi
curarei, quando senza ragione fossero da lui scritti i
suoi libri : natura aver lui adottato per figliuolo, non
per esser nato in Atene ma per aver bene in alto inteso,
bene parlato e bene scritto di lei ; la verità trovata da
lui, la disposizione e l'ordine delle cose, la gravità e
brevità del parlare esser sua propria e non d'altri, né

et qu'elles ne peuvent être changées par un changement de vocables ; que son nom seul, disjoint de la raison, est selon moi de bien petite autorité ; qu'il ne tient qu'à lui, étant fait lombard, de décider d'être toujours Aristote ; que nous, mortels de cet âge-ci, chérissons ses livres transmués dans une autre langue, autant que le faisaient les Grecs quand ils les étudiaient en grec. Ces livres, nous tâchons de toute notre industrie à les entendre pour devenir une bonne fois non pas athéniens mais philosophes[67]. Et sur cette réponse, je l'aurais quitté.

LASCARIS. Dites toujours et désirez ce que vous voulez ; mais j'espère que vous ne verrez pas de votre vivant Aristote mis en vulgaire.

PETIT-PIERRE. Voilà bien pourquoi je me désole de la misérable condition de nos temps modernes, où l'on étudie non pour être mais pour paraître savant : car alors que seule la voie de la raison, en quelque langage que ce soit, peut nous conduire à la connaissance de la vérité, nous la laissons de côté et nous engageons sur un chemin qui a pour effet de nous éloigner autant de la fin recherchée qu'il paraît à certains qu'il nous en rapproche ; car nous croyons en savoir beaucoup sur une chose quand, sans en connaître la nature, nous pouvons dire de quelle façon la nommait Cicéron, Pline, Lucrèce ou Virgile parmi les écrivains latins, et parmi les grecs Platon, Aristote, Démosthène ou Eschine ; de ces simples petits mots les hommes de cet âge font leurs arts et leurs sciences au point que dire langue grecque et latine semble vouloir dire langue divine, et que seule la langue vulgaire est une langue inhumaine, totalement dépourvue du concours de l'intellect ; et cela peut-être pour nulle autre raison, si ce n'est que nous apprenons cette dernière dans l'enfance et sans étude, alors qu'aux autres nous nous convertissons à grands efforts[68], comme à des langues

quella potersi mutare per mutamento di voce ; il nome solo di lui discompagnato dalla ragione (quanto a me) essere di assai piccola auttorità ; a lui stare, se (essendo lombardo ridotto) esser volesse Aristotile ; noi mortali di questa età, così aver cari i suoi libri trammutati nell'altrui lingua, come gli ebbero i Greci, mentre greci li studiavano. Li quai libri con ogni industria procuriamo d'intendere per divenire una volta non ateniesi ma filosofi. E con questa risposta mi sarei partito da lui.

LASCARI. Dite pure e disiderate ciò che volete ; ma io spero che a' dì vostri non vedrete Aristotile fatto volgare.

PERETTO. Perciò mi doglio della misera condizione di questi tempi moderni, ne' quali si studia non ad esser ma a parer savio, ché ove sola una via di ragione in qualunche linguaggio può condurne alla cognizione della verità, quella da canto lasciata, ci mettiamo per strada, la quale in effetto tanto ci dilunga dal nostro fine quanto altrui pare che vi ci meni vicini ; ché assai credemo d'alcuna cosa sapere, quando, senza cognoscere la natura di lei, possiamo dire in che modo la nominava Cicerone, Plinio, Lucrezio e Virgilio tra' latini scrittori, e tra' greci Platone, Aristotile, Demostene e Eschine ; delle cui semplici parolette fanno gl'uomini di questa età le loro arti e scienzie in guisa che dir lingua greca e latina par dire lingua divina, e che sola la lingua volgare sia una lingua inumana, priva al tutto del discorso dell'intelletto ; forse non per altra ragione, salvo perché questa una da fanciulli e senza studio impariamo, ove a quell'altre con molta cura ci convertiamo come a lingue, le quali

que nous jugeons plus accordées aux doctrines que ne le
sont les mots d'eucharistie et de baptême à ces deux
sacrements : cette sotte opinion est si enracinée dans
les esprits des mortels que beaucoup en viennent à croire
que s'ils veulent se faire philosophes il leur suffit de savoir
écrire et lire le grec sans plus, tout à fait comme si l'esprit
d'Aristote, à la manière d'un follet dans une fiole était
renfermé dans l'alphabet de la Grèce, et s'il était contraint
d'entrer avec lui dans leur intellect pour faire d'eux des
prophètes ; et dans ma vie j'ai vu beaucoup d'arrogants
qui, alors qu'ils étaient totalement dénués de toute
science, se fiant à la seule connaissance de la langue,
ont eu l'audace de mettre la main sur ses livres, et de
les commenter publiquement, comme ils l'auraient fait
de n'importe quel autre livre d'humanités. À ceux-là
donc, mettre en vulgaire les doctrines de la Grèce
paraîtrait peine perdue, en raison tant de l'indignité de
la langue que de l'étroitesse des limites dans lesquelles
l'Italie et son langage sont renfermés, car ils estimeraient
vaine l'entreprise d'écrire et de parler d'une manière que
n'entendraient point les érudits du monde entier. Mais
ce que moi je n'ai pas encore vu, j'espère que le verront
tôt ou tard ceux qui naîtront après moi, en un temps où
des gens certainement plus doctes, mais moins ambitieux
que ceux d'à présent, consentiront à être loués dans
leur patrie sans se soucier si l'Allemagne ou tout autre
pays étranger révère leur nom ; car si les mots avec lesquels
les philosophes futurs discourront et écriront sur les
sciences ont une forme que ces derniers auront en
commun avec le peuple, l'intelligence et le sens des
sciences deviendra propriété de qui aime et étudie les
doctrines, lesquelles ont leur asile non dans les langues,
mais dans les esprits des hommes.

giudichiamo più convenirsi con le dottrine, che non
fanno le parole dell'eucaristia e del battesmo con
ambidue tai sacramenti : la quale sciocca oppenione
è sì fissa negli animi d'i mortali che molti si fanno
a credere che a dover farsi filosofi basti loro sapere
scrivere e leggere greco senza più, non altramente
che se lo spirito d'Aristotile, a guisa di folletto in
cristallo, stesse rinchiuso nell'alfabeto di Grecia, e
con lui insieme fosse costretto d'entrar loro
nell'intelletto a fargli profeti ; onde molti n'ho già
veduti a' miei giorni sì arroganti che, privi in tutto
d'ogni scienza, confidandosi solamente nella
cognizion della lingua, hanno avuto ardimento di
por mano a' suoi libri, quelli a guisa degli altri libri
d'umanità publicamente esponendo. Dunque, a
costoro il far volgari le dottrine di Grecia parrebbe
opra perduta, sì per la indegnità della lingua come
per l'angustia d'i termini dentro a' quali col suo
linguaggio è rinchiusa l'Italia, vana istimando la
impresa dello scrivere e del parlare in maniera che
non l'intendano gli studiosi di tutto '1 mondo. Ma
quello che non è stato veduto da me, spero dover
vedere (quando che sia) chi nascerà dopo me, e a
tempo che le persone certo più dotte, ma meno
ambiziose delle presenti, degneranno d'esser lodate
nella lor patria, senza curarsi che la Magna o altro
strano paese riverisca i lor nomi ; ché se la forma
delle parole, onde i futuri filosofi ragioneranno e
scriveranno delle scienzie, sarà comune alla plebe,
l'intelletto e il sentimento di quelle sarà proprio degli
amatori e studiosi delle dottrine, le quali hanno
ricetto non nelle lingue ma negli animi d'i mortali.

ÉCOLIER. Messire Lascaris s'apprêtait déjà à répondre, lorsque survint une compagnie de gentilshommes qui venaient le visiter, et qui interrompirent la discussion commencée ; aussi, après qu'ils se furent salués, Petit-Pierre promettant de revenir une autre fois, lui et moi nous en allâmes.

COURTISAN. Vous m'avez si bien défendu avec les armes de maître Petit-Pierre que prendre en main les vôtres serait superflu ; aussi, encore que parler sur cette matière soit votre profession, je consens que vous vous taisiez. Mais pour le secours qui m'a été prêté, tant par l'autorité d'un aussi digne philosophe que par les raisons susdites, je vous rends infiniment grâce ; et je vous promets que pour fuir l'ennui d'apprendre à parler les langues des morts, suivant le conseil de maître Petit-Pierre, je veux, comme je suis né, vivre romain, parler romain et écrire romain. Quant à vous, maître Lazzaro, qui êtes d'un autre avis, je vous prédis que c'est en vain que vous tentez de ramener de son long exil votre langue latine en Italie et, après son total effondrement, de la relever ; car si, lorsqu'elle commençait à tomber, il n'y eut nul homme qui pût la soutenir et quiconque s'opposa à sa ruine fut, comme Polydamas[69], écrasé sous le poids, maintenant qu'elle gît tout entière, également brisée par sa chute et par le temps, quel athlète ou quel géant pourra se vanter de la relever ? Et, à regarder vos écrits, je ne crois pas que vous vouliez vous y essayer, considérant que votre façon d'écrire en latin ne consiste qu'à aller glanant chez tel ou tel auteur tantôt un nom, tantôt un verbe, tantôt un adverbe de sa langue ; ce que faisant, si vous espérez, tel un nouvel Esculape, que

SCOLARE. Già s'apparecchiava messer Lascari alla risposta, quando sopravenne brigata di gentiluomini che venivano a visitarlo, da' quali fu interrotto l'incominciato ragionamento ; per che, salutati l'un l'altro con promessa di tornare altra volta, il Peretto e io con lui ci partiamo.

CORTEGIANO. Così bene mi difendeste con l'armi del maestro Peretto che il por mano alle vostre sarebbe cosa superflua ; per la qual cosa, avvegna che il parlare intorno a questa materia fosse vostra professione, nondimeno io mi contento che vi tacciate. Ma del soccorso prestatomi, parte da l'auttorità di così degno filosofo, parte da le ragioni antedette, io ve ne rendo infinite grazie ; e vi prometto che per fuggire il fastidio dello imparare a parlare con le lingue de' morti, seguitando il consiglio del maestro Peretto, come son nato così voglio vivere romano, parlare romano e scrivere romano. E a voi, messer Lazaro, come a persona d'altro parere, predico che indarno tentate di ridurre dal suo lungo esilio in Italia la vostra lingua latina e, dopo la totale ruina di lei, sollevarla da terra ; ché se, quando ella cominciava a cadere, non fu uomo che sostenere ve la potesse e chiunque alla rovina s'oppose a guisa di Polidamante fu oppresso dal peso, ora che ella giace del tutto, rotta parimente dal precipizio e dal tempo, qual atleta o qual gigante potrà vantarsi di rilevarla ? Né a me pare, se a' vostri scritti riguardo, che ne vogliate far pruova, considerando che 'l vostro scrivere latino non è altro che uno andar ricogliendo per questo auttore e per quello ora un nome, ora un verbo, ora un adverbio della sua lingua ; il che facendo, se voi sperate (quasi nuovo Esculapio)

mettre ensemble tous ces fragments puisse la faire ressusciter, vous vous trompez, ne vous apercevant point que dans la chute d'un si superbe édifice une partie est devenue poussière, une se sera brisée en plusieurs morceaux, qu'il serait impossible de remettre ensemble, sans compter que bien d'autres parties, qui sont restées enfouies sous les décombres ou ont été emportées par le temps, personne ne les a retrouvées. Aussi reconstruirez-vous le bâtiment moins grand et moins solide qu'il n'était d'abord, et s'il vous était donné de le rendre à sa première grandeur, il ne vous sera jamais possible de lui donner la forme que lui donnèrent anciennement ses premiers bons architectes, quand ils le bâtirent de neuf ; bien au contraire, là où se trouvait la grande salle, vous ferez les chambres, vous confondrez les portes, et de ses fenêtres vous referez l'une plus haute, l'autre plus basse ; ici resurgiront ses murailles, solides et pleines, là où à l'origine le palais prenait lumière, alors qu'ailleurs, à l'intérieur, avec la clarté du soleil pénétrera quelque souffle de vent pernicieux qui rendra la pièce malsaine. Enfin, ce sera miracle, plus que providence humaine, s'il est jamais refait identique ou semblable à l'ancien, dès lors que se sera perdue l'idée dont on avait tiré le modèle pour le construire[70]. C'est pourquoi je vous encourage à abandonner l'entreprise de vouloir vous distinguer des autres hommes en vous évertuant en vain, sans profit ni pour vous-même ni pour autrui.

LAZZARO. Pardonnez-moi, mon gentilhomme, vous n'avez pas porté assez d'attention aux propos de mon maître Petit-Pierre ; celui-ci non seulement ne refusait point, comme vous le faites, d'apprendre le grec et le latin, mais au contraire se plaignait d'y être contraint, appelant de ses vœux un âge où le peuple pût, sans l'aide de ces langues, étudier et atteindre la perfection dans toutes les sciences. C'est une opinion que je ne loue ni ne vilipende, car je ne peux faire l'un ni ne veux faire l'autre ; je dis seulement

che il porre insieme cotai fragmenti possa farla risuscitare, voi v'ingannate, non vi accorgendo che nel cadere di sì superbo edificio una parte divenne polvere e un'altra dee esser rotta in più pezzi ; li quali volere in uno ridurre, sarebbe cosa impossibile, senza che molte sono l'altre parti le quali, rimase in fondo del mucchio o involate dal tempo, non son trovate da alcuno. Onde minore e men ferma rifarete la fabrica, che ella non era da prima, e venendovi fatto di ridur lei alla sua prima grandezza, mai non fia vero che voi le diate la forma che anticamente le dierono que' primi buoni architetti, quando nova la fabricarono ; anzi ove soleva esser la sala, farete le camere, confonderete le porte, e delle finestre di lei questa alta, quell'altra bassa riformarete ; ivi sode tutte e intere risurgeranno le sue muraglie, onde primieramente s'illuminava il palazzo, e altronde dentro di lei con la luce del sole alcun fiato di tristo vento entrerà che farà inferma la stanza. Finalmente sarà miracolo, più che umano provedimento, il rifarla mai più eguale o simile a quell'antica, essendo mancata l'idea, onde il mondo tolse l'essempio di edificarla. Per che io vi conforto a lasciar l'impresa di voler farvi singulare dagl'altri uomini affaticandovi vanamente senza pro vostro e d'altrui.

Lazaro. Perdonatemi, gentiluomo, voi non poneste ben mente alle parole del mio maestro Peretto, il quale non solamente non ricusava, come voi fate, d'imparar greco e latino ; anzi si lamentava d'essere a farlo sforzato, disiderando una età, nella quale senza l'aiuto di quelle lingue potesse il popolo studiare e farsi perfetto in ogni scienzia. La quale oppenione io non laudo, né vitupero, perché quello non posso, questo non voglio ; dico solamente non

que vous ne l'avez pas bien comprise, d'où il s'ensuit que votre résolution ne tire son origine ni de l'autorité ni du raisonnement, mais de votre appétit, que vous pouvez suivre autant qu'il vous agrée, et je ferai de même pour le mien ; car si mon parcours est plus long et plus pénible que le vôtre, il ne sera pas d'aventure aussi vain, et, à la fin de ma journée, il me conduira à bon port, en bonne santé, bien que fourbu.

BEMBO. Messire Lazzaro dit vrai et j'ajoute qu'à ce moment-là, me semble-t-il, Petit-Pierre discutait des langues dans leur rapport à la philosophie et autres sciences semblables. C'est pourquoi, à supposer que son opinion soit vraie, et que le paysan pût philosopher aussi bien que le gentilhomme et le Lombard que le Romain, ce n'est pas pour autant que l'on peut, dans toutes les langues également, composer poésies et discours ; tant il est vrai que parmi elles, telle sera dotée des ornements de la prose et du vers plus ou moins que telle autre. Ce sujet, nous en avons discuté précédemment, sans rien dire des doctrines, et je vous répète ce que je disais alors : que, s'il vous vient jamais l'envie de composer des chansons ou des nouvelles à votre façon, c'est-à-dire dans une langue autre que la toscane et sans imiter Pétrarque ou Boccace, vous serez d'aventure bon courtisan, mais poète ou orateur, jamais. Alors on parlera de vous et vous serez connu du monde votre vie durant, et pas au delà, tant il est vrai que votre langue romaine a la vertu de vous parer de grâce plutôt que de gloire.

essere stata bene intesa da voi, onde la diliberazione vostra non avrà origine né dall'autorità né dalle ragioni ma dal vostro appetito, lo quale seguite quanto v'aggrada, che altrettanto io farò del mio ; ché se 'l viaggio che io tengo è più lungo e più faticoso del vostro, per avventura non fia sì vano, e al fine della mia giornata a buono albergo sano, quantunque stanco, mi condurrà.

BEMBO. Messer Lazaro dice il vero e v'aggiungo che 'l Peretto in quell'ora (come a me pare) disputò delle lingue, avendo rispetto alla filosofia e altre simili scienzie. Per che, posto che vera sia la sua oppenione, e così bene potesse filosofare il contadino come il gentiluomo e il Lombardo come il Romano, non è però che in ogni lingua egualmente si possa poetare e orare ; conciosia cosa che fra loro l'una sia più e meno dotata degli ornamenti della prosa e del verso che l'altra non è. La qual cosa fu tra noi disputata da prima, senza far parola delle dottrine ; e come allora vi dissi così vi dico di nuovo che, se voglia vi verrà mai di comporre o canzoni o novelle al modo vostro, cioè in lingua che sia diversa dalla toscana e senza imitare il Petrarca o il Boccaccio, per aventura voi sarete buon cortigiano, ma poeta o oratore non mai. Onde tanto di voi si ragionerà e sarete conosciuto dal mondo quanto la vita vi durerà, e non più, conciosia che la vostra lingua romana abbia vertù in farvi più tosto grazioso che glorioso.

NOTES

1. *Les belles-lettres... pauvres et nues* : cf. PETRARCA, *Rime*, VII, 10 : « Pauvre et nue tu t'en vas, Philosophie ».

2. *Aussi... barbare* : formulation efficace de l'orgueil des intellectuels italiens, qui se sentaient les héritiers d'une très grande civilisation, que n'entamait en rien la sujétion politique aux « barbares » français, allemands et espagnols. Cette conviction avait été éloquemment exprimée par les humanistes, dont, dans une situation culturelle profondément changée, Lazzaro (plus que Bembo, si on considère leur personnalité réelle et non la fiction du présent dialogue) et R. AMASEO (*De Latinae linguae usu retinendo*, Schola I, in *Orationum volumen*, Bononiae, I. Rubrius, 1564, p. 102-3), étaient précisément les épigones. Cf., par exemple, L. VALLA, *Praefatio* aux *Elegantiarum libri*, in *Prosatori latini del Quattrocento*, a cura di E. GARIN, Milano-Napoli, Ricciardi, 1952, p. 596.

3. *La toscane... Boccace* : allusion à la crise de la langue vulgaire après la mort de Boccace. Cf. BEMBO, *Prose della volgar lingua*, II, 2 ; mais dans l'œuvre de Bembo on ne trouve jamais affirmé aussi résolument que *l'on pourra tôt y compter plus d'un Pétrarque et plus d'un Boccace*.

4. *Plus... parfaites et précieuses* : l'opinion réelle de Bembo est quelque peu différente. Dans les *Prose della volgar lingua* (cf. en particulier I, 3-6) il évoque en effet la conversion à la langue vulgaire d'un latiniste (Ercole Strozzi) et réduit presque la fonction du grec à une aide pour l'étude du latin.

5. *L'Allemagne... la latine* : effectivement l'étude de l'hébreu était surtout florissante en Allemagne, où, dès 1506, le grand humaniste Johannes Reuchlin en avait publié une importante grammaire (*De rudimentis hebraicis*, Phorce, in aedibus Thomae Anshelmi). En 1529, avait été publiée la grammaire de Nicolaus Clenardus (N. van der Beke) qui fera autorité dans toute l'Europe occidentale.

6. Le dialogue se déroule donc à Bologne où Romolo Amaseo (1489-1552), un des plus célèbres enseignants de grec et de latin, avait prononcé, au début de l'année académique 1529-30, sa leçon inaugurale *De Latinae linguae usu retinendo*, où l'on trouve justement des opinions très proches de celles que vient d'exprimer Lazzaro.

7. *Ce pape toscan* : Clément VII.

8. *Je... Mantoue* : pour ce qui est de la conviction humaniste que la langue et l'éloquence sont des facteurs essentiels de la culture et de la civilisation, cf. la *Praefatio* cit. aux *Elegantiarum libri* de Lorenzo Valla. Pomponazzi affirmait au contraire : « Unde et est melius scire quam habere possessionem. Et mallem esse Aristoteles, quam imperator [...] » (commentaire au livre II de la *Physique* d'Aristote de juillet 1519, cité dans B. NARDI , *Studi su P. Pomponazzi*, Firenze, Le Monnier, 1965, p. 262).

9. *Aux travaux... de César* : selon Pline (*Nat. hist.*, VII, 31, 117), c'est César lui-même qui l'avait affirmé.

10. Cf. P. BEMBO, *Prose della volgar lingua*, I, 1 : « Et puisque c'est en ce qu'ils parlent que les hommes sont principalement différents des autres animaux, que peut-

il y avoir de plus beau pour un homme que d'être supérieur aux autres hommes en ce en quoi les hommes sont de beaucoup supérieurs aux autres animaux, et tout particulièrement d'une façon dont il est manifeste qu'elle est la plus parfaite et la plus noble ? ». Cette idée, qui remonte à Isocrate, devint presque un lieu commun chez les humanistes.

11. *Parmi les poètes... Homère* : au contraire des Florentins, Speroni lui-même, à l'époque – si l'on en croit le témoignage de VARCHI (*Ercolano, in Discussioni linguistiche del Cinquecento*, Torino, UTET, 1988, p. 536-7) – osait affirmer que Dante est « égal ou supérieur à Homère ».

12. *Je crois volontiers... l'esprit du lecteur* : pour bien saisir la dialectique de ce dialogue, il faut ne pas perdre de vue que le Courtisan non seulement place toute la force de la poésie dans *la nature des choses représentées* (Speroni n'allait pas jusque-là), mais isole quelques-unes des nouvelles les plus « boccacesques » du *Décaméron* (III, 10 ; II, 7 ; VII, 2) ; dans la préséance sans nuance qu'il accorde au contenu il y a une lueur de vérité, pas encore une conception du langage acceptable aux yeux de Speroni. Cf. ce que celui-ci écrivit dans son *Orazione in morte del Cardinale P. Bembo* (S, III, pp. 163-4) : « Et en vérité, avant que Bembo n'entreprît d'écrire en toscan, les gens ne comprenaient ni ne connaissaient guère la valeur des trois fameux auteurs en langue vulgaire. Cela venait de ce qu'ils prêtaient attention aux choses, non à leur style et à l'élégance de leur langue, où réside la véritable gloire de chacun des trois. De sorte que chez Pétrarque [on préférait] les *Triomphes* et, parmi les fables de Boccace, les moins honnêtes étaient réputées les plus belles ; et j'ose dire qu'en ce temps-là une infinité de gens avaient lu mille fois le *Décaméron* d'un bout à l'autre, sans

jamais avoir, ne fût-ce qu'une seule fois, vu la peste décrite en tête de l'ouvrage ».

13. *Cette pauvre… participe* : affirmation délibérément tendancieuse : on ne peut certainement pas dire que le verbe vulgaire soit *sans conjugaison et sans participe* (il ne lui manque que les deux participes futurs, actif et passif). Du reste, comme le fait observer R. Avesani dans l'article du *Dizionario biografico degli Italiani* qui lui est consacré, Bonamico lui-même, dans ses *Concetti della lingua latina*, écrit à propos du participe présent : « Et nous embellissons le discours en l'abrégeant par l'usage des participes : usage qui fut imité par nos Toscans […] ».

14. Sur l'origine de la langue vulgaire et sur les dettes de la langue poétique italienne envers le provençal, cf. Bembo, *Prose della volgar lingua*, I, 7-11. Lazzaro accepte les données fournies par Bembo, mais les interprète polémiquement comme une preuve de la barbarie de la langue vulgaire et de l'humiliation politique et culturelle de l'Italie.

15. Les Huns descendirent en Italie en 452 avec Attila, mais diverses causes et l'intervention du pape Léon 1er interrompirent leur invasion ; les Goths restèrent en Italie de 489 à 555 ; les Vandales vinrent en Italie sous le commandement de Genséric en 455, assaillirent Rome et la mirent à sac, puis s'en retournèrent en Afrique ; les Longobards régnèrent en Italie de 568 à 774.

16. Cf. Petrarca, *Rime*, CCLXIV, 72 : « embrasser je voudrais le vrai, laissant là les ombres ».

17. Avec plus d'objectivité et de cohérence, Amaseo soutenait au contraire que la langue vulgaire n'était pas une langue « alia a latina » mais qu'elle était simplement une langue latine « mutata » (de bien en mal, cela s'entend) ; aussi, dès lors que l'on possède la langue dans sa forme la plus pure, n'y a-t-il pas de raisons d'en utiliser

également la forme corrompue, si ce n'est à des fins humbles : cf. *De Latinae linguae usu retinendo* (cit., pp. 117 sgg.).

18. *Autrement... barbares* : Girolamo Muzio développait amplement cet argument dans son plaidoyer *Per difesa della volgar lingua,* soutenant que le latin n'est pas une langue « simple et pure, née dans le Latium antique », comme le disait Amaseo, mais qu'il est lui aussi le fruit de la corruption de plusieurs langues préexistantes (des Aborigènes, des Pélasges, des Thessaliens, des Grecs, des compagnons d'Evandre et d'Hercule, des Troyens) et que, même si on voulait soutenir que le latin est la langue de l'un de ces peuples, ce serait toujours une langue étrangère, « chacun d'eux étant venu de terres étrangères » (G. MUZIO, *Battaglie per difesa dell'italica lingua,* a cura di R. Sodano, Torino, RES, 1994, pp. 217-19). Mais voir aussi BEMBO, *Prose della volgar lingua,* I, 5.

19. Le *comme on dit* renvoie à des locutions proverbiales telles que « facere de necessitate virtutem » ou « necessitas virtutem auget ». Erasme (*Adagia,* IV, 7, 55, *Necessitas magistra*) fait remonter l'adage au *Ploutos* d'Aristophane : « Apud Aristophanem Penia iactat se artium inventricem » ; on le retrouve en effet dans le discours de Penìa (Pauvreté), vv. 507-34.

20. Bembo retourne habilement un argument souvent répété par les adversaires de la langue vulgaire.

21. *Comme...vulgaire* : dans le *Dialogo dell'Usura* (S, I, p. 109) également il est dit que Lazzaro « parle mieux dans les [...] langues [des Grecs et des Latins], qu'il ne le fait dans la sienne ».

22. *Soit quelqu'un... indoctes* : cf. DU BELLAY, p. 75-6 : « Mais je seroy' bien d'avis [...] que celuy qui par une inclination naturelle (ce qu'on peut juger par les œuvres Latines et Thoscanes de Petrarque et Boccace, voire

d'aucuns scavans hommes de nostre tens) se sentiroit plus propre à ecrire en sa Langue qu'en Grec ou en Latin, s'etudiast plus tost à se rendre immortel entre les siens, ecrivant bien en son vulgaire, que mal ecrivant en ces deux autres Langues, estre vil aux doctes pareillement et aux indoctes ». Ici commencent les copieuses paraphrases et traductions de passages de notre dialogue insérées par Joachim DU BELLAY dans la *Deffence et illustration de la langue françoyse*.

23. *Conversions* : apostrophes, selon la définition de B. DANIELLO (*Della poetica*, in *Trattati di poetica e retorica del Cinquecento*, a cura di B. WEINBERG, I, Bari, Laterza, 1970, p. 296) et de CAVALCANTI (*La retorica*, Venezia, Robini, 1569, p. 295). En revanche, pour TRISSINO (*La poetica*, in *Trattati di poetica e retorica del Cinquecento* cit., II, p. 76), les conversions sont ce « que les Grecs appellent *tropes* [...] ».

24. La « conversione » peut désigner, soit l'*apostrophe* (cf. B. DANIELLO, *Della Poetica*,1536, B. Cavalcanti, *La Retorica*, 1569), soit les *tropes* en général (Trissino, *La poetica*, 1529) ; la « complessione » est une combinaison d'*anaphore* et d'*épiphore* : lorsque les différentes parties d'une phrase commencent et finissent par les mêmes mots. Nous avons conservé les termes, non techniques, que Bembo/Speroni emploie à dessein pour ne pas emprunter, justement, au grec.

25. Les cent nouvelles du *Décaméron*.

26. Serafino de' Ciminelli, dit Aquilano du nom de sa ville natale (L'Aquila 1466–Rome 1500), fut un des représentants les plus typiques de la poésie courtisane combattue par Bembo.

27. Luths et violes étaient des instruments musicaux raffinés : cf. BOCCACCIO, *Decameron*, I, Intr., 106 ; BEMBO, *Asolani*, I, 3. Pour une discussion sur la qualité et

l'harmonie des différents instruments, cf. CASTIGLIONE, *Cortegiano*, II, 13, où sont également rejetés les instruments à vent.

28. *Il vous semble... plaisir* : Lazzaro persiste dans l'équivoque qu'il a créée en postulant un rapport direct entre latin et empire romain (et, à l'inverse, entre langue vulgaire et asservissement). Amaseo, dans son discours cit. (p. 125), encouragé entre autres par le congrès historique réunissant Charles Quint et Clément VII, affecte de croire que tant l'« imperii maiestas » que la « linguae dignitas » peuvent être restaurées. Bonamico ne semble pas aussi utopique ; et pourtant il a affirmé : « maintenant que nous sommes libres », nous devons en revenir au latin et abandonner la langue vulgaire, car « elle n'est rien d'autre qu'un indice manifeste de la servitude des Italiens ». Mais l'Italie est encore en partie privée de liberté politique : alors, de quelle liberté Bonamico veut-il parler ?

29. *Cette dernière... anciennes* : cf. CICÉRON, *De orat.*, II, 9, 36 : « Historia vero testis temporum, lux veritatis, vita memoriae, magistra vitae, nuntia vetustatis, qua voce alia nisi oratoris immortalitati commendatur ? ». Cicéron, soutient donc, comme Bonamico va la faire tout de suite après, que ce n'est pas l'histoire en tant que telle qui assure l'immortalité, mais bien l'histoire considérée comme « opus oratorium ».

30. *Si tel autre... mentionnées* : surtout Cicéron dans le *De orat.*, II, 12, 52-3.

31. Le dialecte bergamasque était proverbialement considéré comme le pire de toute l'Italie ; ce n'est pas sans raison qu'il devint, dans les comédies, la langue des serviteurs grossiers et sots.

32. *Mieux que moi* : mais Bembo dans le second livre des *Prose della volgar lingua* avait déjà montré que la langue vulgaire peut elle aussi s'orner de nombre et d'harmonie,

lesquels naissent d'une *ingénieuse* [« artificiosa »] *disposition des mots*.

33. *Cette question... découlerait* : Bembo, donc, n'exprime pas son opinion personnelle, mais veut montrer les conséquences absurdes auxquelles conduiraient les affirmations de Lazzaro ; d'où la conclusion : « ces quelques mots que j'ai dits contre la langue latine et en faveur de la vulgaire, je ne les ai pas dits pour affirmer une vérité ; j'ai seulement voulu montrer... » : en somme, les arguments de Bonamico pour la défense du latin sont contre-productifs. Mais cela n'enlève rien à la vigueur de cette page, en particulier dans sa partie finale, où on croirait presque lire l'examen de conscience amer d'un cicéronien ; cela explique qu'elle ait eu une grande influence sur les auteurs de traités suivants (Borghini, par exemple) et fourni – du moins me semble-t-il – plus d'une idée à Gelli pour son *Ragionamento sopra le difficultà del mettere in regole la nostra lingua*.

34. *Je vous dis... presque mourir* : cf. DU BELLAY, p. 24-5 : « Ainsi puys-je dire de nostre Langue, qui commence encores à fleurir sans fructifier, ou plus tost, comme une plante et vergette, n'a point encores fleury, tant se fault qu'elle ait apporté tout le fruict qu'elle pouroit bien produyre. Cela, certainement, non pour le default de la nature d'elle, aussi apte à engendrer que les autres : mais pour la coulpe de ceux qui l'ont euë en garde, et ne l'ont cultivée à suffisance, ains comme une plante sauvaige, en celuy mesmes desert ou elle avoit commencé à naitre, sans jamais l'arrouser, la tailler, ny defendre des ronces et epines qui luy faisoint umbre, l'ont laissée envieillir et quasi mourir ».

35. Cf. DU BELLAY, p. 25-6 : « Que si les anciens Romains eussent eté aussi negligens à la culture de leur Langue, quand premierement elle commenca à pululer,

pour certain en si peu de tens elle ne feust devenue si grande. Mais eux, en guise de bons agriculteurs, l'ont premierement transmuée d'un lieu sauvaige en un domestique : puis affin que plus tost et mieux elle peust fructifier, coupant à l'entour les inutiles rameaux, l'ont pour echange d'iceux restaurée de rameaux francz et domestiques, magistralement tirez de la Langue Greque, les quelz soudainement se sont si bien entez et faiz semblables à leur tronc, que desormais n'apparoissent plus adoptifz, mais naturelz. De la sont nées en la Langue Latine ces fleurs, et ces fruictz colorez de cete grande eloquence, avecques ces nombres et cete lyaison si artificielle, toutes les quelles choses, non tant de sa propre nature que par artifice, toute Langue a coutume de produyre ».

36. Cf. CICÉRON, *Brut.*, VII-VIII, où il est affirmé qu'Isocrate « primus intellexit etiam in soluta oratione, dum versum effugeres, modum tamen et numerum quendam oportere servari », alors qu'avant lui « verborum quasi structura et quaedam ad numerum conclusio nulla erat ». Isocrate (436-338 av. J.-C.) fut donc le fondateur de la prose artistique. Parmi ceux qui avant lui étudièrent l'art de dire, Cicéron nomme les sophistes Gorgias de Leontium, Thrasymaque de Chalcédoine, Protagoras d'Abdère, Prodicos de Céos et Hippias d'Elis. Théodore de Byzance, en revanche, est nommé dans le *Brutus* (XII, 48), dans l'*Orator* (XII, 39), puis par QUINTILIEN (*Inst. orat.*, III, 1, 8-13), qui reprend et complète l'*excursus* historique du *Brutus*.

37. *Donc…peu de prix* : cf. DU BELLAY, p. 26-7 : « Donques si les Grecz et Romains, plus diligens à la culture de leurs Langues que nous à celle de la nostre, n'ont peu trouver en icelles, si non avecques grand labeur et industrie, ny grace, ny nombre, ny finablement aucune eloquence, nous devons nous emerveiller si nostre vulgaire

n'est si riche comme il pourra bien estre, et de la prendre occasion de le mepriser comme chose vile et de petit prix ? ».

38. *Dans notre esprit... l'hébraïque* : cf. BEMBO, *Prose della volgar lingua*, I, 5.

39. *Encore que... ses feuilles* : cf. DU BELLAY, p. 56-7 : « car telle injure ne s'etendroit seulement contre les espris des hommes, mais contre Dieu, qui a donné pour loy inviolable à toute chose crée de ne durer perpetuellement, mais passer sans fin d'un etat en l'autre, etant la fin et corruption de l'un, le commencement et generation de l'autre. Quelque opiniatre repliquera encores : Ta Langue tarde trop à recevoir ceste perfection. Et je dy que ce retardement ne prouve point qu'elle ne puisse la recevoir : aincoys je dy qu'elle se poura tenir certaine de la garder longuement l'ayant acquise avecques si longue peine, suyvant la loy de Nature, qui a voulu que tout arbre qui naist, florist et fructifie bien tost, bien tost aussi envieillisse et meure : et au contraire, celuy durer par longues années, qui a longuement travaillé à jeter ses racines ».

40. *Énée... patrie* : cf. VIRGILE, *Énéide*, III, 286-8 : « aere cavo clipeum, magni gestamen Abantis, / postibus adversis figo et rem carmine signo : / AENEAS HAEC DE DANAIS VICTORIBUS ARMA ».

41. Saint Antoine, dit de Padoue (bien que né à Lisbonne) ; aujourd'hui encore, dans la basilique de Padoue, se trouvent deux reliquaires de « la langue incorrompue de saint Antoine ».

42. *Elle lui est... dieu* : jeu de mots facile sur la très courante désignation de Rome comme *caput mundi* (déjà rappelée plus haut, avec quelque agacement, par le Courtisan) ; mais peut-être le rapprochement entre la langue, relique du saint, et le latin *relique de Rome [...] tête du monde* n'est-il pas tout à fait innocent : en disant

que n'est pas tenu pour chrétien qui *ne l'adore point pour son dieu*, le Courtisan ne ferait-il pas allusion à l'obligation d'employer toujours le latin dans la liturgie et à l'interdiction de traduire en langue vulgaire les textes sacrés ?

43. Le jugement de Bembo sur Dante se trouve ici radicalisé et quelque peu déformé ; mais peut-être dans ses propos Bembo jugeait-il Dante plus durement que dans ses *Prose della volgar lingua* : cf. la lettre de Speroni à Felice Paciotto du 19 mai 1581 : « si notre Dante [...] est digne d'être lu comme il le fut déjà autrefois, ou s'il n'est rien, comme Bembo avait coutume de me dire » (S. SPERONI, *Lettere familiari*, II, cit., p. 229).

44. *Naître non... toscan perverti* : cf. BEMBO, *Prose della volgar lingua*, I, 16.

45. *À son parler* : la fameuse anecdote, racontée par CICÉRON (*Brutus*, XLVI, 172), puis par QUINTILIEN (*Inst. Orat.*, VIII, 1, 2), devint un lieu commun des discussions linguistiques, mais selon une interprétation différente de celle qu'en donne ici Bembo, qui l'allègue pour montrer qu'*une pauvre bonne femme de la campagne* possédait bien sa langue. L'anecdote paraissait plutôt montrer (et c'est à cette fin que Cicéron l'avait alléguée) qu'un étranger, quelques efforts qu'il fasse (Théophraste parlait divinement, comme en témoigne le nom que lui avait donné Aristote), ne réussit pas à se défaire de son accent originel ; les Toscans en déduisaient donc la nécessité d'apprendre la langue naturellement et non dans les livres, et les non-toscans l'inopportunité d'une stricte imitation du toscan.

46. *Quant à moi... je vous parle* : les paroles du Courtisan indiquent bien quelle était, en dehors de toutes considérations techniques, la situation réelle : l'apprentissage du toscan ou du florentin requérant autant d'efforts que celui du latin, abandonner son dialecte pour

s'initier aux cultures grecques et latines apparaît plus raisonnable que d'apprendre un autre dialecte dans les livres des auteurs qui l'ont illustré. L'affirmation, d'autre part, que le toscan est la seule *langue bien réglée* d'Italie résume trop sèchement le passage beaucoup plus construit des *Prose della volgar lingua* (I, 15), où Carlo Bembo montre que seul le florentin est digne d'être employé dans les œuvres littéraires.

47. *Jeune Padouan... bouche* : Angelo Beolco, dit Ruzzante (1502-1542), dont la mort soudaine entraîna l'annulation de la représentation de la *Canace* de Speroni, où il aurait dû pour la première fois jouer un rôle tragique. Son théâtre en dialecte padouan est resté justement célèbre. Il est en revanche plus difficile d'apprécier l'importance de sa production poétique *à la manière de Pétrarque*, dont ne sont parvenues jusqu'à nous qu'un sonnet et neuf *chansons* [il s'agit, comme partout dans le texte, du genre formel italien de la *canzone*, composition de strophes identiques rigoureusement construite, pratiquée depuis le XIIIᵉ siècle et illustrée par Dante et Pétrarque en particulier].

48. *Je ne dis pas... précepteurs* : noter la fonction dévolue à l'éloge de Ruzzante dans les propos du Courtisan. Bembo avait déjà observé que certains trouvent dans la langue vulgaire – Pétrarque en est un exemple éclatant – le moyen adéquat pour exprimer ce qu'ils sentent, tandis qu'ils n'y parviennent pas en latin. Le Courtisan développe maintenant la même idée, affirmant qu'il y a des gens qui, comme Ruzzante, ne trouvent que dans leur dialecte l'instrument approprié pour exprimer le meilleur d'eux-mêmes. Mais on en reste encore à la complémentarité des diverses expériences linguistiques ; Pomponazzi ensuite, franchissant le pas, en viendra aux oppositions polémiques.

49. *Il serait trop aisé… veilles* : cf. Du Bellay, p. 105-6 : « Certainement ce seroit chose trop facile, et pourtant contemptible, se faire eternel par renommée, si la felicité de nature donnée mesmes aux plus indoctes etoit suffisante pour faire chose digne de l'immortalité. Qui veut voler par les mains et bouches des hommes, doit longuement demeurer en sa chambre : et qui desire vivre en la memoire de la posterité, doit comme mort en soymesmes suer et trembler maintesfois, et autant que notz poëtes courtizans boyvent, mangent et dorment à leur oyse, endurer de faim, de soif et de longues vigiles ».

50. *lesquels… barbares* : Pétrarque, dans son *De sui ipsius et multorum ignorantia* (cf. l'édition établie par P. G. Ricci in *Prose*, Milano-Napoli, Ricciardi, 1955, p. 744), avait déjà déploré qu'Aristote, « interpretum ruditate vel invidia », fût devenu en traduction « durus scaberque » ; et la condamnation du style d'Aristote et de ses traducteurs latins était quasiment devenue un lieu commun parmi les humanistes.

51. *Lequel… mantouane* : Pomponazzi tenait ses leçons dans un latin truffé d'expressions dialectales au point que le cicéronien Bonamico ne le tient pas pour du latin.

52. Alexandre d'Aphrodise (IIᵉ-IIIᵉ siècle ap. J.-C.), célèbre commentateur d'Aristote.

53. *Plus creux que les roseaux* : Cf. Boccaccio, *Dec.*, VI, 8, 10.

54. *Dites-moi tout d'abord… spéculation des choses* : cf. Du Bellay, p. 65-6 : « Et certes songeant beaucoup de foys, d'ou provient que les hommes de ce siecle generalement sont moins scavans en toutes Sciences, et de moindre prix que les Anciens, entre beaucoup de raysons je treuve cete cy, que j'oseroy' dire la principale : c'est l'etude des Langues Greque et Latine. Car si le tens que nous consumons à apprendre les dites Langues estoit

employé à l'etude des Sciences, la Nature certes n'est
point devenue si brehaigne, qu'elle n'enfentast de nostre
tens des Platons et des Aristotes. Mais nous, qui ordinairement affectons plus d'estre veuz scavans que de
l'estre, ne consumons pas seulement nostre jeunesse en
ce vain exercice : mais comme nous repentans d'avoir
laissé le berseau et d'estre devenuz hommes, retour-
nons encor' en enfance, et par l'espace de xx ou xxx ans
ne faisons autre chose qu'apprendre à parler, qui Grec,
qui Latin, qui Hebreu. Les quelz ans finiz, et finie
avecques eux ceste vigueur et promptitude qui naturellement regne en l'esprit des jeunes hommes, alors nous
procurons estre faictz phylosophes, quand [...] nous ne
sommes plus aptes à la speculation des choses ».

55. *Donc... Grecs* : cf. Du Bellay, p. 67 : « Fault il
donques laisser l'etude des Langues ? Non, d'autant que
les Ars et Sciences sont pour le present entre les mains
des Grecz et Latins ».

56. *Sans compter que... jugement* : cf. Du Bellay, p. 60-
1 : « Et si on veut dire que la phylosophie est un faiz
d'autres epaules que de celles de notre Langue, j'ay dict
[...] que toutes Langues sont d'une mesme valeur, et des
mortelz à une mesme fin d'un mesme jugement formées ».

57. *Il s'ensuit... mortels* : cf. Du Bellay, p. 12-3 :
« Laquéle diversité et confusion se peut à bon droict
appeler la Tour de Babel. Donques les Langues ne sont
nées d'elles mesmes en façon d'herbes, racines et arbres :
les unes infirmes et debiles en leurs espéces : les autres
saines et robustes, et plus aptes à porter le faiz des
conceptions humaines : mais toute leur vertu est née au
monde du vouloir et arbitre des mortelz [...]. Ainsi
donques toutes les choses que la Nature a crées, tous
les Ars et Sciences en toutes les quatre parties du monde,
sont chacune endroict soy une mesme chose : mais pour

ce que les hommes sont de divers vouloir, ilz en parlent et ecrivent diversement ».

58. *C'est la raison... formée* : cf. Du Bellay, p. 61-3 : « Parquoy ainsi comme sans muer des coutumes ou de nation, le Francoys et l'Alement, non seulement le Grec ou Romain, se peut donner à phylosopher, aussi je croy qu'à un chacun sa Langue puysse competemment communiquer toute doctrine. Donques si la phylosophie semée par Aristote et Platon au fertile champ Atique etoit replantée en notre pleine Francoyse, ce ne seroit la jeter entre les ronses et epines, ou elle devint sterile : mais ce seroit la faire de loingtaine prochaine, et d'etrangere citadine de notre republique. Et paravanture ainsi que les episseries et autres richesses orientales que l'Inde nous envoye, sont mieulx congnues et traitées de nous, et en plus grand prix, qu'en l'endroict de ceux qui les sement ou recueillent : semblablement les speculations phylosophiques deviendroient plus familieres qu'elles ne sont ores, et plus facilement seroient entendues de nous, si quelque scavant homme les avoit transportées de Grec et Latin en notre vulgaire, que de ceux qui les vont (s'il fault ainsi parler) cueillir aux lieux ou elles croissent. Et si on veut dire que diverses Langues sont aptes à signifier diverses conceptions, aucunes les conceptions des doctes, autres celles des indoctes, et que la Grecque principalement convient si bien avecques les doctrines, que pour les exprimer il semble qu'elle ait eté formée de la mesme Nature, non de l'humaine providence : je dy [...] ».

59. *Je veux plutôt... hommes* : Aristote, en effet, se rallia à l'opinion des tenants du caractère conventionnel du langage : « les sons de la voix – lit-on au début du traité *De interpretatione* – sont des symboles des affections de l'âme, et les lettres écrites sont des symboles des sons de la voix ». Les sons par eux-mêmes n'ont au-

cune signification, mais ils en acquièrent une par convention : « on a un nom […] quand un son de la voix devient symbole » (d'après trad. italienne de G. COLLI). On trouve un écho de cette conception chez Speroni, qui la réfère précisément à l'enseignement de Pomponazzi, dans un passage du discours I *Del modo di studiare* (S., II, p. 487-88).

60. *Il est vrai... autrement* : cf. DU BELLAY, p. 72 : « Vray est que pour avoir les Ars et Sciences tousjours eté en la puissance des Grecz et Romains, plus studieux de ce qui peut rendre les hommes immortelz que les autres, nous croyons que par eux seulement elles puyssent et doyvent estre traictées ».

61. *Mais de même... des saints* : cf. DU BELLAY, p. 70 : « Il me souvient de ces reliques, qu'on voit seulement par une petite vitre, et qu'il n'est permis toucher avecques la main ».

62. *Mais le temps... sciences* : cf. DU BELLAY, p. 72-3 : « Mais le tens viendra paravanture (et je suplye au Dieu tresbon et tresgrand que ce soit de nostre aage) que quelque bonne personne, non moins hardie qu'ingenieuse et scavante, non ambicieuse, non craignant l'envie ou hayne d'aucun, nous otera cete faulse persuasion, donnant à notre Langue la fleur et le fruict des bonnes Lettres ».

63. *C'est donc... intellect* : cf. DU BELLAY, p. 73 : « autrement si l'affection que nous portons aux Langues etrangeres (quelque excellence qui soit en elles) empeschoit cete notre si grande felicité, elles seroint dignes veritablement non d'envie, mais de hayne, non de fatigue, mais de facherie : elles seroint dignes finablement d'estre non apprises, mais reprises de ceux qui ont plus de besoing du vif intellect de l'esprit que du son des paroles mortes ».

64. *Que l'Inde... bolonais* : cette considération est développée plus amplement par DU BELLAY, p. 71. Cf. B.

TOMITANO, *Ragionamenti della lingua toscana. I precetti della retorica secondo l'artificio d'Aristotile e Cicerone nel fine del secondo libro nuovamente aggionti*, Venezia, G. de' Farri e fratelli, al segno del griffo, 1546, p. 37 : « Venons-en maintenant à dire combien ont été nombreux les philosophes barbares, ineptes au langage et néanmoins très savants et sagaces, car vous trouverez que, pour la plupart, les barbares philosophes portent Mercure dans leur cœur, mais non dans leur langue, comme c'est souvent le cas des simples orateurs ».

65. Cf. B. TOMITANO, *Ragionamenti* cit., p. 21-22 : « Je crois fermement qu'il n'est aucun de nous qui ne sache et ne tienne pour assuré que le langage n'est rien d'autre qu'un instrument , dont notre âme fait en quelque sorte son interprète naturel et use suivant son aptitude à porter témoignage au dehors de ce qu'en dedans elle contient. Ce qui m'a toujours donné à penser que, considéré en soi, le langage ne peut être rien d'autre qu'une preuve de notre imperfection, dès lors que l'âme – qui est, comme je le crois, chose divine et éternelle – est obligée de condescendre, de se plier à demander et presque mendier l'aide du parler, lequel est une opération entièrement corporelle et défectueuse en raison de la corruption de l'instrument ».

66. *Que la nature… par les hommes* : cf. DU BELLAY, p. 63-5 : « je dy qu'icelle Nature, qui en tout aage, en toute province, en toute habitude est tousjours une mesme chose, ainsi comme voluntiers elle s'exerce son art par tout le monde, non moins en la terre qu'au ciel, et pour estre ententive à la production des creatures raisonnables, n'oublie pourtant les iraisonnables, mais avecques un egal artifice engendre cetes cy et celles la : aussi est elle digne d'estre congneue et louée de toutes personnes, et en toutes Langues. Les oyzeaux, les poissons et les bestes terrestres de quelquonque maniere, ores avecques un son,

ores avecques l'autre, sans distinction de paroles signifient leurs affections. Beaucoup plus tost nous hommes
devrions faire le semblable, chacun avecques sa Langue,
sans avoir recours aux autres. Les ecritures et langaiges
ont eté trouvez, non pour la conservation de la Nature,
la quelle (comme divine qu'elle est) n'a mestier de nostre
ayde : mais seulement à nostre bien et utilité : affin que
presens, absens, vyfz et mors, manifestans l'un à l'autre
le secret de notz coeurs, plus facilement parvenions à
notre propre felicité, qui gist en l'intelligence des Sciences,
non point au son des paroles : et par consequent celles
langues et celles ecritures devroint plus estre en usaige,
les queles on apprendroit plus facilement. Las et combien
seroit meilleur qu'il y eust au monde un seul langaige
naturel, que d'employer tant d'années pour apprendre
des motz ! ».

67. *Et j'en aurais dit tout autant... philosophes* : voir
d'importantes considérations sur la possibilité, et même
la nécessité, de traduire Aristote dans le dialogue II *Sopra
Virgilio* (S, II, pp. 193, 198-9). Cf. Du BELLAY, p. 71-2
(à noter que, dans la traduction, Platon est associé à
Aristote) : « Bien peu me soucyroy'-je de l'elegance
d'oraison qui est en Platon et en Aristote, si leurs livres
sans rayson etoint ecriz. La phylosophie vrayement les a
adoptez pour ses filz, non pour estre nez en Grece, mais
pour avoir d'un hault sens bien parlé et bien ecrit d'elle.
La vérité si bien par eux cherchée, la disposition et l'ordre
des choses, la sentencieuse breveté de l'un et la divine
copie de l'autre est propre à eux, et non à autres : mais
la Nature, dont ilz ont si bien parlé, est mere de tous les
autres, et ne dedaigne point se faire congnoitre à ceux
qui procurent avecques toute industrie entendre ses
secrez, non pour devenir Grecz, mais pour estre faictz
phylosophes ».

68. *De ces simples petits mots… grands efforts* : cf. Du
Bellay, p. 76 : « Mais s'il s'en trouvoit encores quelques
uns de ceux qui de simples paroles font tout leur art et
science, en sorte que nommer la Langue Greque et Latine
leur semble parler d'une Langue divine, et parler de la
vulgaire, nommer une Langue inhumaine, incapable de
toute erudition » ; et p. 82 : « Vous deprisez nostre vulgaire, paravanture non pour autre raison, sinon que des
enfance et sans etude nous l'apprenons, les autres
avecques grand peine et industrie ».

69. Cf. Valère Maxime, *Fact. et dict. memorab.*, IX,
12, Ext., 10.

70. *Considérant… pour le construire* : cf. Du Bellay,
p. 78-80 : « Pensent ilz donques, je ne dy egaler, mais
aprocher seulement de ces aucteurs en leurs Langues ?
recuillant de cet orateur et de ce poëte ores un nom, ores
un verbe, ores un vers, et ores une sentence : comme si
en la façon qu'on rebatist un vieil edifice, ilz s'attendoint
rendre par ces pierres ramassées à la ruynée fabrique de
ces Langues sa premiere grandeur et excellence. Mais
vous ne serez ja si bons massons (vous, qui estes si grands
zelateurs des Langues Greque et Latine) que leur puissiez rendre celle forme que leur donnarent premierement
ces bons et excellens architectes : et si vous esperez
(comme fist Esculape des membres d'Hippolyte) que par
ces fragmentz recuilliz elles puyssent estre resuscitées,
vous vous abusez, ne pensant point qu'à la cheute de si
superbes edifices conjointe à la ruyne fatale de ces deux
puissantes monarchies, une partie devint poudre, et l'autre
doit estre en beaucoup de pieces, les queles vouloir re-
duire en un seroit chose impossible : outre que beaucoup
d'autres parties sont demeurées aux fondementz des
vieilles murailles, ou egarées par le long cours des siecles
ne se peuvent trouver d'aucun. Parquoy venant à redi-

fier cete fabrique, vous serez bien loing de luy restituer sa premiere grandeur, quand, ou souloit estre la sale, vous ferez paravanture les chambres, les etables ou la cuysine, confundant les portes et les fenestres, bref changeant toute la forme de l'edifice. Finablement j'estimeroy' l'Art pouvoir exprimer la vive energie de la Nature, si vous pouviez rendre cete fabrique renouvelée semblable à l'antique, etant manque l'Idée de la quele faudroit tyrer l'exemple pour la redifier ».

TABLE DES MATIÈRES

BIBLIOTHÈQUE ITALIENNE

sous le patronage de
L'ISTITUTO ITALIANO PER GLI STUDI FILOSOFICI

Collection dirigée
par
Yves Hersant et Nuccio Ordine

Édition bilingue
(texte et traduction)

L'ARIOSTE, *Roland Furieux,* par André Rochon (en 4 vol.) ; t. I, chants I-X, 1998 ; t. II, chants XI-XXI, 1999 ; t. III, chants XXII-XXXIV, 2000 ; t. IV, chants, XXXV-XLVI et index (2001).

L'ARÉTIN, *Ragionamenti,* édition critique de Giovanni Aquilecchia ; traduction, introduction et notes de Paul Larivaille ; postface de Nuccio Ordine (en 2 vol.) ; t. I, 1998 ; t. II, 1999.

VINCENZO CUOCO, *Essai historique sur la révolution napolitaine de 1799,* présentation par Michel Vovelle ; introduction, traduction et notes d'Alain Pons (2002).

GIACOMO LÉOPARDI, *Discours sur l'état actuel des mœurs des Italiens,* édition critique et notes de Marco Dondero, traduction de Michel Orcel, introduction de Novella Bellucci (2001).

GIAMBATTISTA VICO, *Vie de Giambattista Vico écrite par lui-même,* par Alain Pons (2002).

GIAMBATTISTA VICO, *La méthode des études de notre temps,* par Alain Pons (2002).

SPERONE SPERONI, *Dialogue des langues,* édition critique, introduction et notes de Mario Pozzi, traduction de Gérard Genot et Paul Larivaille, 2001.

BOCCACE, *La généalogie des dieux païens. Livres XIV et XV,* introduction et notes par Pierre Maréchaux, traduction par Marie-Cécile Dorier et Pierre Maréchaux (2002).

BERNARDINO TELESIO, *De la nature,* par Giorgio Stabile.

LÉON L'HÉBREU, *Dialogues d'amour,* édition critique, introduction et notes de Barbara Garvin, traduction de Anne Godard.

JÉRÔME FRASCATOR, *Syphilis ou le Mal français,* par Jackie Pigeaud.

MARINO, *Galerie,* par Françoise Coarelli (2002).

LE POGGE, *Facéties,* texte établi par Stefano Pittaluga, introduction et traduction par Étienne Wolff, notes par Stefano Pittaluga.

TEOFILO FOLENGO, *Baldus,* texte établi par Mario Chiesa, traduction de Gérard Genot et Paul Larivaille, introduction et notes de Mario Chiesa.

CE VOLUME,
LE SIXIÈME
DE LA BIBLIOTHÈQUE ITALIENNE
PUBLIÉ PAR
LES ÉDITIONS
LES BELLES LETTRES
A ÉTÉ ACHEVÉ D'IMPRIMER
EN 2001
SUR LES PRESSES
DE L'IMPRIMERIE F. PAILLART
À ABBEVILLE.

DÉPÔT LÉGAL : DEUXIÈME TRIMESTRE 2001
Nº D'IMP. 11437. Nº D'ÉDITEUR. 3935